AF270728

日本語能力試験必修パターンシリーズ

パターンを押さえて、解き方まるわかり

日本語能力試験

N2 聴解

必修パターン

Japanese Language Proficiency Test N2 Listening Compulsory Pattern
日语能力考试 N2 听力 必修的模式
Bài ki m tra trình d ti ng Nh t b n N2 Nghe hi u Mô hình b t bu c

氏原庸子／清島千春／佐伯玲子（大阪YWCA）●共著

Jリサーチ出版

はじめに

　日本語能力試験では、日本語の知識だけでなく、実際に運用する能力も求められます。
　本書は基礎編、対策編、模擬試験の３つのパートに分かれています。基礎編では聴解の基礎からもう一度復習できるようにしました。この部分では問題を解くことよりも、日本語の音声やイントネーション、言い回しの特徴を知り、何回も繰り返して聞くことによって、耳慣らしをしてほしいと思います。対策編では聴解試験に出題される問題をいくつかのパターンにまとめて分析し、出題形式のポイント別に練習して、結果的に多くの問題に触れることを目指しました。難しい言葉には解説をつけ、重要語、キーワード、付録などで語彙力をパワーアップさせ、それを聴解力につなげる工夫をしました。また、模擬試験では、総合的な聴解能力を判断できるようにしました。

　このように本書は、日本語能力試験Ｎ２聴解問題に対応した構成になっていますが、聴解力を総合的に伸ばすためのさまざまな工夫もされていますので、試験対策としてだけではなく、学校での聴解の授業、また、聴解力を身につけるための独習にもお勧めできる内容となっています。

　このテキストを使うことで、日本語学習者のみなさんの聴解力がアップすることを願っています。また、日本語能力試験に合格するだけではなく、毎日の生活に役立てば、こんなにうれしいことはありません。

氏原庸子・清島千春・佐伯玲子

もくじ

本書の使い方
ほん　しょ　　つか　　かた

学習の流れ
がくしゅう　なが

　この本は４つの部分（「基礎編」、「対策編」、「模擬試験」、付録「試験に出る言葉」）で構成され、主に次のような流れで学習を進めます。

① 基礎編　⇒　会話を聞き取る基礎力を身につける

　まず、日本語の音の特徴や音の変化、話し手の気持ちや細かいニュアンスを表す言葉や言い方について復習・整理をします。また、一個一個の音や単語、文だけでなく、会話の流れをつかむ練習も少しします。

② 対策編　⇒　問題のパターンを知る、解法のパターンをつかむ

　日本語能力試験の問題形式に沿って実践練習をします。問題開始から答えを選ぶまでの解答のアプローチと正解を得るポイントを、繰り返し練習する中で身につけていきます。

③ 模擬試験　⇒　学習のまとめとして実力を確認する

　ひととおり学習が終わったら、模擬試験で実力診断をします。得点が低かった場合は、特によくなかった問題を中心に、しっかり復習しましょう。

④ 付録「試験に出る言葉」　⇒　試験に備えて基本語彙を整理する

　実戦力を高めるために、聴解問題の会話やスピーチの中で出てきそうな言葉を覚えます。①②③の学習とは別に、課題にしたり、直前のチェックに使ったりと、自由に役立てることができます。

CDの使い方
つか　　かた

🖋 音声ダウンロードの方法については、p.182 ～ p.183 をご覧ください。

　付属CDは２枚あり、次のような構成になっています。

<table>
<tr><td align="center">DISC1</td><td align="center">DISC2</td></tr>
<tr><td>

PART 1 基礎編
きそへん

- - - - - - - - - - - -

PART 2 対策編
たいさくへん

課題理解
かだいりかい

ポイント理解
りかい

概要理解
がいようりかい

</td><td>

PART 2 対策編
たいさくへん

概要理解
がいようりかい

即時応答
そくじおうとう

統合理解
とうごうりかい

- - - - - - - - - - - -

PART 3 模擬試験
もぎしけん

</td></tr>
</table>

　「基礎編」には、「聞いてみましょう1」から「聞いてみましょう13」までの練習問題が収められています。「対策編」はDISC1とDISC2に、「模擬試験」はDISC2に収録されています。

学習プラン
がくしゅう

日本語能力試験対策にこの本を利用する場合の学習プランとして、3つの例をご紹介します。試験勉強を始める時期や試験日までの日数など、ニーズに合わせ、適当にアレンジをしながらプランを立ててください。

学習プランの例
がくしゅう　　れい

〈平均プラン〉		〈短期プラン〉		〈超短期プラン〉	
16回＋模擬試験		12回＋模擬試験		7回＋模擬試験	
1	基礎編 1～2	1	基礎編 1～4	1	基礎編 1～7
2	基礎編 3～4	2	基礎編 5～7	2	課題理解 1～7
3	基礎編 5～6	3	課題理解 1～4	3	課題理解 8～13
4	基礎編 7	4	課題理解 5～9	4	ポイント理解 14～20
5	課題理解 1～3	5	課題理解 10～13	5	概要理解 21～28
6	課題理解 4～6	6	ポイント理解 14～16	6	即時応答 29～46
7	課題理解 7～9	7	ポイント理解 17～20	7	統合理解 47～52
8	課題理解 10～13	8	概要理解 21～24	8	模擬試験
9	ポイント理解 14～16	9	概要理解 25～28		
10	ポイント理解 17～20	10	即時応答 29～46	自習	試験に出る言葉
11	概要理解 21～24	11	統合理解 47～49		
12	概要理解 25～28	12	統合理解 50～52		
13	即時応答 29～37		模擬試験		
14	即時応答 38～46				
15	統合理解 47～49	自習	試験に出る言葉		
16	統合理解 50～52				
	模擬試験				
自習	試験に出る言葉				

※ 1回50分として。
※ 消化できなかったものは宿題にする。

▶ 基礎編の学習の仕方

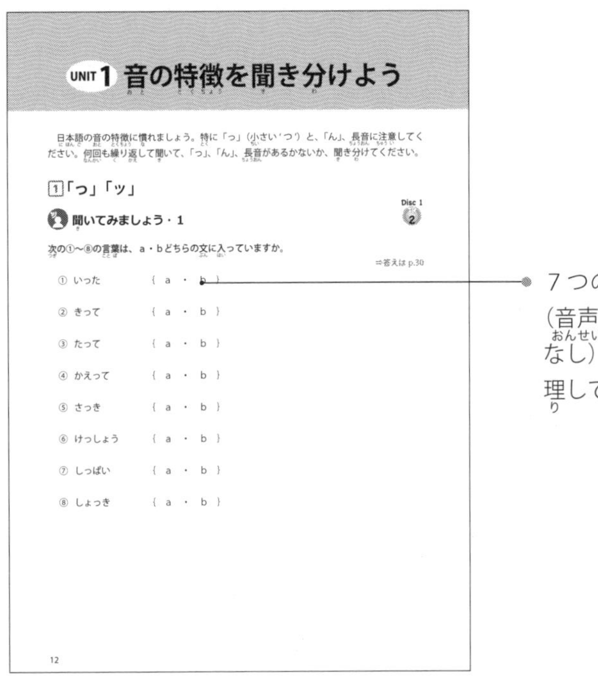

● 7つのユニットを設け、「聞いてみましょう」（音声あり）または「やってみましょう」（音声なし）で練習問題を解きながら、ポイントを整理していきます。

▶ 対策編の学習の仕方

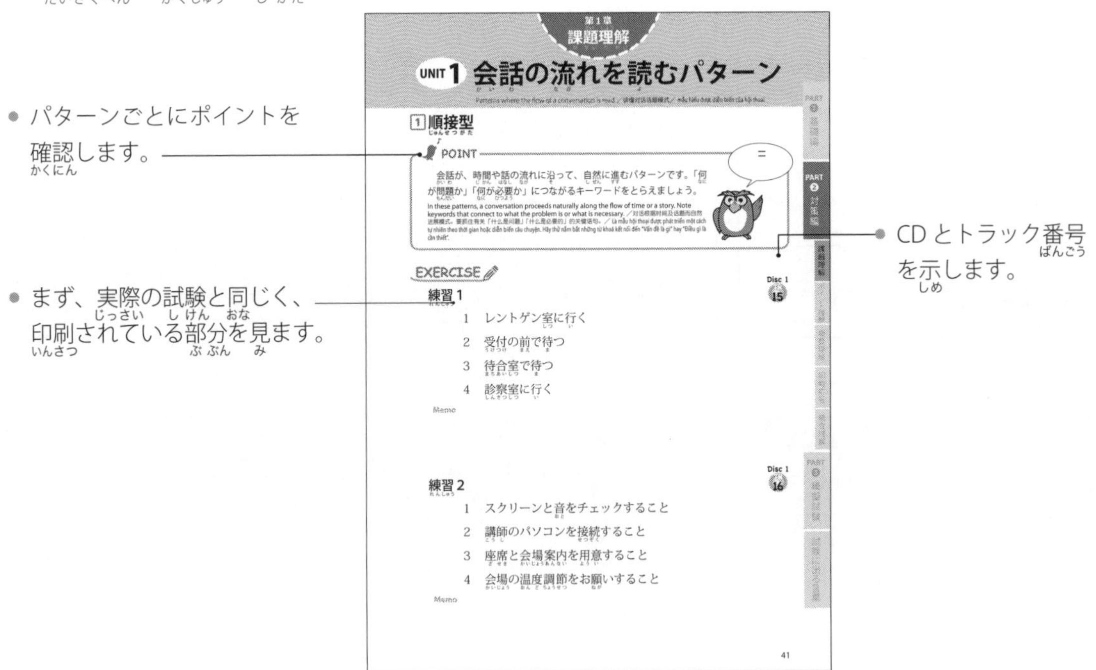

● パターンごとにポイントを確認します。

● まず、実際の試験と同じく、印刷されている部分を見ます。

● CDとトラック番号を示します。

● 問題の答えとスクリプトです。

● スクリプトの中で、少し難しいと思われる語句を取り上げています。

● 意味や用法を確認しておきたいものを取り上げます（⇒4ページ目に具体的な説明）。

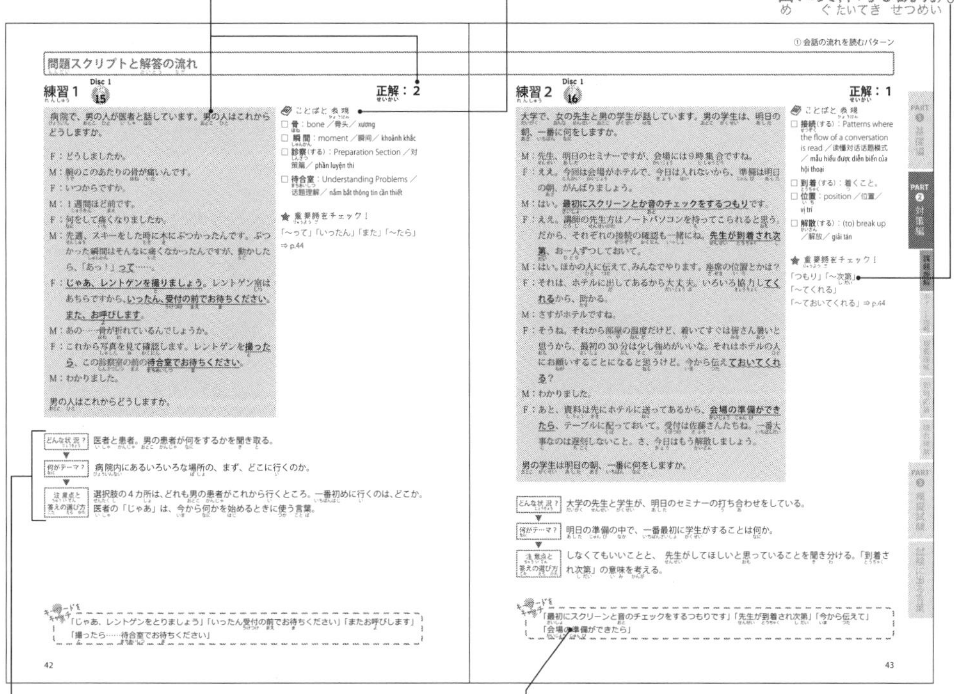

● 解答の手順やポイントを示しています。問題の形式によって多少異なります。

● 答えを見つけるためのカギとなる言葉を取り上げます。短い語句から長めの文までさまざまで、これらがどれだけ聞き取れるかポイントになります。

〈重要語使い方チェック〉

● 1題につき2〜3の語を取り上げ、意味と使い方を確認します。

重要語 使い方チェック！

練習1

(1)〜って 〜と〜した
① 初めてだと思っていたら、知っている人だったから「えっ！」って。（思った）
② 朝から雨が強く降っていたんです。それで「やめよう」って。（決めた）

(2)いったん 続けないで、一度ほかのことをする。一時的に少しの間、何かをする。
① 大体できてきたから、いったん、ここで休憩しようか。
② 交差点では、いったん停止して、左右を確認しましょう。

(3)また もう一度同じことをくり返す
① 来年、またここで会いましょう。
② また同じミスをしたんですか！ しっかり反省してくださいよ。

(4)〜たら 〜したあとで
① 駅に着いたら、電話してください。すぐに迎えに行きます。
② 起きたら、カーテンを開けて、朝の光を浴びましょう。

練習2

(1)つもり そうしようという気持ちがある
① ぼくは大学に入ったら、クイズ研究会に入るつもりだ。
② 2、3年後には結婚するつもりだったけど、恋人と別れてしまった。

(2)〜次第 その状況になったらすぐに。
① このメールを読み次第、出発してください。
② 荷物が届き次第、作業をはじめましょう。

(3)〜てくれる AはB（＝私）にVてくれる⇒Aの行為VはB（＝わたし）にうれしいこと。
① 母は毎晩、私たちに本を読んでくれた。
② すみません、そこの塩をとってくれませんか。

(4)〜ておいてくれる AはB（＝私）にVておいてくれる⇒Aは何かに備えてB（＝私）のためにV
① 母は、ワイシャツをクリーニングに出しておいてくれた。
② 彼女は、田中さんのチケットも買っておいてくれた。

「日本語能力試験 N2」の構成

	大問	小問数	ねらい
言語知識（文字・語彙・文法）・読解（105分）			
文字・語彙	1 漢字読み	5	漢字で書かれた語の読み方を問う。
	2 表記	5	ひらがなで書かれた語が漢字でどのように書かれるかを問う。
	3 語形成	5	派生語や複合語の知識を問う。
	4 文脈規定	7	文脈によって意味的に規定される語が何であるかを問う。
	5 言い換え類義	5	出題される語や表現と意味的に近い語や表現を問う。
	6 用法	5	出題語が文の中でどのように使われるのかを問う。
文法	7 文の文法1（文法形式の判断）	12	文の内容に合った文法形式かどうかを判断することができるかを問う。
	8 文の文法2（文の組み立て）	5	統語的に正しく、かつ、意味が通る文を組み立てることができるかを問う。
	9 文章の文法	5	文章の流れに合った文かどうかを判断することができるかを問う。
読解	10 内容理解（短文）	5	生活・仕事などいろいろな話題も含め、説明文や指示文など200字程度のテキストを読んで、内容が理解できるかを問う。
	11 内容理解（中文）	9	比較的易しい内容の評論、解説、エッセイなど500字程度のテキストを読んで、因果関係や理由、概要や筆者の考え方などが理解できるかを問う。
	12 統合理解	2	比較的易しい内容の複数のテキスト（合計600字程度）を読み比べて比較・統合しながら理解できるかを問う。
	13 主張理解（長文）	3	論理展開が比較的わかりやすい評論など、900字程度のテキストを読んで、全体として伝えようとしている主張や意見がつかめるかを問う。
	14 情報検索	2	広告、パンフレット、情報誌、ビジネス文書などの情報素材（700字程度）の中から必要な情報を探し出すことができるかを問う。
聴解（50分）	1 課題理解	5	まとまりのあるテキストを聞いて、内容が理解できるかどうか（次に何をするのが適当か理解できるか）を問う。
	2 ポイント理解	6	まとまりのあるテキストを聞いて、内容が理解できるかどうか（ポイントを絞って聞くことができるか）を問う。
	3 概要理解	5	まとまりのあるテキストを聞いて、内容が理解できるかどうか（テキスト全体から話者の意図や主張が理解できるかどうか）を問う。
	4 即時応答	12	質問などの短い発話を聞いて、適切な応答が選択できるかを問う。
	5 統合理解	4	長めのテキストを聞いて、複数の情報を比較・統合しながら、内容が理解できるかを問う。

※ 小問数は予想される数で、実際にはこれと異なる場合もあります。

PART 1 基礎編（きそへん）

 音の特徴を聞き分けよう

日本語の音の特徴に慣れましょう。特に「っ」（小さい「つ」）と、「ん」、長音に注意してください。何回も繰り返して聞いて、「っ」、「ん」、長音があるかないか、聞き分けてください。

1 「っ」「ッ」

聞いてみましょう・1

Disc 1

次の①〜⑧の言葉は、a・bどちらの文に入っていますか。

⇒答えは p.30

① いった　　　　　{ a ・ b }

② きって　　　　　{ a ・ b }

③ たって　　　　　{ a ・ b }

④ かえって　　　　{ a ・ b }

⑤ さっき　　　　　{ a ・ b }

⑥ けっしょう　　　{ a ・ b }

⑦ しっぱい　　　　{ a ・ b }

⑧ しょっき　　　　{ a ・ b }

2 「ん」「ン」

🔊 聞いてみましょう・2

次の①〜⑧の言葉は、a・bどちらの文に入っていますか。

⇒答えは p.30

① かんじ　　　　{ a ・ b }

② しきん　　　　{ a ・ b }

③ としん　　　　{ a ・ b }

④ いけん　　　　{ a ・ b }

⑤ てんすう　　　{ a ・ b }

⑥ けんさ　　　　{ a ・ b }

⑦ けんか　　　　{ a ・ b }

⑧ なんにん　　　{ a ・ b }

Disc 1
TR
③

PART ❶ 基礎編

PART ❷ 対策編

課題理解　ポイント理解　概要理解　即時応答　統合理解

PART ❸ 模擬試験

試験に出る言葉

③「゛」と「゜」

 **聞いてみましょう・3**

次の①～⑧の言葉は、a・bどちらの文に入っていますか。

⇒答えは p.30

① ベッド　　　　　{ a ・ b }

② パック　　　　　{ a ・ b }

③ かんげい　　　　{ a ・ b }

④ きげん　　　　　{ a ・ b }

⑤ こうぎょう　　　{ a ・ b }

⑥ ごうか　　　　　{ a ・ b }

⑦ でんき　　　　　{ a ・ b }

⑧ じんこう　　　　{ a ・ b }

④ 長音
ちょうおん

ひらがなで書くときは、多くの場合、「あ」「い」「う」「え」「お」を使って長音を表します。
（例：おかあさん、とうきょう、おにいさん）
カタカナで書くときは、「ー」を使います。（例：コーヒー、スーパー）

Disc 1
TR
5

🔊 聞いてみましょう・4
き

次の①～⑧の言葉は、a・bどちらの文に入っていますか。
つぎ　　　　ことば

⇒答えは p.31

① おじいさん　　　　{ a ・ b }

② おばあさん　　　　{ a ・ b }

③ けいしき　　　　　{ a ・ b }

④ ケース　　　　　　{ a ・ b }

⑤ きいて　　　　　　{ a ・ b }

⑥ サッカー　　　　　{ a ・ b }

⑦ いっしょう　　　　{ a ・ b }

⑧ そうしき　　　　　{ a ・ b }

UNIT 2 音の変化を聞き取ろう

　友だちや家族との会話では、短く言う形になったり、ほかの音に変わったりすることがよくあります。これらにはパターンがあるので、しっかり学習して、覚えてしまいましょう。

1 「て＋い⇒て」「て＋お⇒と」「て＋あ⇒た」になるパターン

整理

A.〜ている ⇒ 〜てる／〜ていた ⇒ 〜てた　　例 今食べてる。／ ここにすわってた。
B.〜ていく ⇒ 〜てく　　　　　　　　　　　　例 駅まで歩いてく。
C.〜ておく ⇒ 〜とく　　　　　　　　　　　　例 ご飯、作っとくね。
D.〜てあげる ⇒ 〜たげる　　　　　　　　　　例 ほしいなら買ったげるよ。

🔊 聞いてみましょう・5

Disc 1
TR 6

まず、一人が短い文を言います。それを聞いて、それに最も合う答えをa・b・cから1つ選んでください。

⇒答えは p.31

① { a ・ b ・ c }

② { a ・ b ・ c }

③ { a ・ b ・ c }

④ { a ・ b ・ c }

⑤ { a ・ b ・ c }

⑥ { a ・ b ・ c }

② 「ゃ」「ゅ」「ょ」になるパターン (小さい "や" "ゅ" "ょ")

● 整理

A. 〜てしまう ⇒ 〜ちゃう　　例 落としちゃった。／読んじゃった

B. 〜れば（動詞 - ば形）⇒ 〜りゃ　　例 作りゃいい。

C. 〜ければ（い形容詞 - ければ）⇒ 〜けりゃ　　例 安けりゃ買うよ。

D. 〜なければ（ならない）⇒ 〜なきゃ　　例 もう帰らなきゃ。

E. 〜くては（い形容詞 - ければ）⇒ 〜くちゃ

　　例 こんなに暑くちゃ、やる気にならないよ。

F. 〜ては（動詞 - て形 + は）⇒ 〜ちゃ／〜じゃ　　例 一人で行っちゃいけない。

G. 〜では（名詞 / な形容詞 + では）⇒ 〜じゃ　　例 申し込みはここじゃできないよ。

H. これは／それは／あれは ⇒ こりゃ／そりゃ／ありゃ

　　例 こりゃ、うまいね。

聞いてみましょう・6

Disc 1 TR 7

まず、一人が短い文を言います。それを聞いて、それに最も合う答えをa・b・cから1つ選んでください。

⇒答えは p.32

① { a ・ b ・ c }

② { a ・ b ・ c }

③ { a ・ b ・ c }

④ { a ・ b ・ c }

⑤ { a ・ b ・ c }

⑥ { a ・ b ・ c }

⑦ { a ・ b ・ c }

⑧ { a ・ b ・ c }

PART ❶ 基礎編

PART ❷ 対策編

課題理解　ポイント理解　概要理解　即時応答　統合理解

PART ❸ 模擬試験

試験に出る言葉

③「～て」「～って」になるパターン

A. ～という⇒～って　　　　　　例 それは、できないってことですか。

B. ～というものは⇒～て／～って　例 人間関係って、難しいですね。

C. ～は⇒～って　　　　　　　　　例 山田さんって、大学生？

D. ～と⇒～て／～って　　　　　　例 先生はなんておっしゃったの？

E. ～ても⇒～たって　　　　　　　例 いまさら謝ったって遅いよ。

F. ～でも⇒～だって　　　　　　　例 これは誰だってできることですよ。

G. と言われて⇒～って　　　　　　例 帰れって、ドアを閉められちゃった。

 聞いてみましょう・7

Disc 1　TR 8

まず、一人が短い文を言います。それを聞いて、それに最も合う答えをa・b・cから1つ選んでください。

⇒答えは p.32

① { a ・ b ・ c }

② { a ・ b ・ c }

③ { a ・ b ・ c }

④ { a ・ b ・ c }

⑤ { a ・ b ・ c }

⑥ { a ・ b ・ c }

⑦ { a ・ b ・ c }

⑧ { a ・ b ・ c }

4 「ん」になるパターン

整理（せいり）

A. ～のです ⇒ ～**ん**です　　　　　　例 朝、起きられなかった**ん**です。

B. ～ので ⇒ ～**ん**で　　　　　　　　例 頭が痛い**ん**で、帰らせてください。

C. ～らない ⇒ ～**ん**ない　　　　　　例 つま**ん**ないなあ、このドラマ。

D. 名詞＋の＋名詞 ⇒ 名詞＋**ん**＋名詞　例 外は寒いけど、家**ん**中は暖かい。

E. ものです ⇒ ～も**ん**です

例1. 友だちって、いい**もん**だ。（感慨）

例2. 昔はこの店によく来た**もん**だ。（回想）

例3. 電車が遅れた**もん**で、遅くなりました。（言い訳）

例4. 赤ちゃんは泣く**もん**だ。（一般的な性質）

*感慨：strong emotion(s) ／深情／ cảm xúc　　　　*回想（する）：(to) reminisce ／怀旧／ hồi tưởng

*言い訳（する）：(to)excuse ／借口／ biện bạch, thanh minh　　*性質：property; quality ／性质, 性子／ tính chất

聞いてみましょう・8

Disc 1
TR 9

これから言う文の中にある「ん」は、上の A ～ D、E1 ～ E4 のうち、どれですか。

⇒答えは p.33

① { A ・ B ・ C ・ D ・ E1 ・ E2 ・ E3 ・ E4 }

② { A ・ B ・ C ・ D ・ E1 ・ E2 ・ E3 ・ E4 }

③ { A ・ B ・ C ・ D ・ E1 ・ E2 ・ E3 ・ E4 }

④ { A ・ B ・ C ・ D ・ E1 ・ E2 ・ E3 ・ E4 }

⑤ { A ・ B ・ C ・ D ・ E1 ・ E2 ・ E3 ・ E4 }

終助詞は、文の最後につける語で、大変短いですが、さまざまな機能や意味を持っています。
特に会話では、話し手の細かい気持ちを表すためによく使われます。

主な終助詞とその働き

整理

A. か　疑問、自分に言い聞かせる
例 あの人は誰ですか。／明日から６月か……。

B. な　軽い感動、念を押す、禁止
例 山田さんはいい人だな。／荷物はこれだけでいいんだな。／ここに車を止めるな。

C. かな　はっきりしないこと／願望
例 この漢字は何と読むのかな。／早く日本語が上手にならないかな。

D. なあ　感動
例 あの映画はおもしろかったなあ。

E. の　疑問
例 どこへ行くの？

F. よ　相手に訴える・働きかける
例 ここがあなたの部屋ですよ。／ちょっと待ってよ。

G. ね　同意を求める・意味を強める
例 わあ、きれいだね。／頑張ってね。

H. よね　共通理解の確認
例 あの人、かっこいいよね。

聞いてみましょう・9

Disc 1
TR 10

まず、一人が短い文を言います。それを聞いて、それに最も合う答えをa・b・cから1つ選んでください。

⇒答えは p.33

① { a ・ b ・ c }

② { a ・ b ・ c }

③ { a ・ b ・ c }

④ { a ・ b ・ c }

⑤ { a ・ b ・ c }

⑥ { a ・ b ・ c }

⑦ { a ・ b ・ c }

⑧ { a ・ b ・ c }

 # イントネーション

　話をするときに文や言葉の終わりの部分を上げたり（↗）下げたり（↘）することで、話し手の意図を伝えます。基本的なイントネーションに慣れておきましょう。

イントネーションの基本パターン

整理

A. 肯定文（↘）

　例 私も行く。（↘）

B. 疑問文（↗）

　例 もう帰りますか。（↗）

C. 肯定文？（↗）

　例 これ、おいしい？（↗）

D. 疑問文（↘）

　例 そうですか。（↘）

E. 単語・句？（↗）

　例 先生？（↗）

F. 〜ない？

　例 ちょっと休まない？（↗）

G. 〜ね？

　例 安いね。（↗）／そうだね（↗）

 **聞いてみましょう・10**

Disc 1
11

まず、一人が短い文を言います。それを聞いて、それに合う答えををa・bから1つ選んでください。

⇒答えは p.34

① { a ・ b }

② { a ・ b }

③ { a ・ b }

④ { a ・ b }

⑤ { a ・ b }

⑥ { a ・ b }

⑦ { a ・ b }

⑧ { a ・ b }

 指示語（こ・そ・あ・ど）

「これ・それ・あれ・どれ」などの指示語は、会話の中でよく使われます。指示語が何を指しているか、はっきりしなかったら、相手の言うことは十分に理解できません。会話を長く続けることもできなくなります。指示語の主な形と使い方を整理しておきましょう。

◆形

	もの	場所	方向	人	名詞に続く 特定	様子	動詞に続く
こ	これ	ここ	こっち／こちら	こいつ	この	こんな	こう
そ	それ	そこ	そっち／そちら	そいつ	その	そんな	そう
あ	あれ	あそこ	あっち／あちら	あいつ	あの	あんな	ああ
ど	どれ	どこ	どっち／どちら	どいつ	どの	どんな	どう

◆使い方

	目の前にあるもの	会話や文の中に出てくるものやこと
こ	話し手の範囲にある（近い）	直前に話したこと／これから話すこと／話し手だけが知っていること
そ	聞き手の範囲にある（近い）	今まで話したこと／聞き手の話に出てきてたが、話し手は知らないこと
あ	両方の範囲にない（離れている）	過去の出来事／両方が知っていること など

Disc 1
TR
12

🔊 聞いてみましょう・11
き

まず、一人が短い文を言います。それを聞いて、それに最も合う答えをa・b・cから1つ選
ひとり みじか ぶん い き もっと あ こた えら
んでください。

⇒答えは p.34

① { a ・ b ・ c }

② { a ・ b ・ c }

③ { a ・ b ・ c }

④ { a ・ b ・ c }

⑤ { a ・ b ・ c }

⑥ { a ・ b ・ c }

副詞の省略表現パターン
ふくし　　　しょうりゃくひょうげん

abbreviated adverb expression patterns ／副词的省略表现模式／ mẫu câu lược bỏ phó từ

　副詞の中には、否定形や否定的な表現といつも一緒に使われたり、後ろに続く表現が決まっていたりするものがあります。こういう場合、会話の中で表現が途中で終わることがよくあります。それぞれの副詞の意味や働きをしっかり覚えて、このような会話的な表現に慣れましょう。

① 否定形と一緒に使われるもの

things used together with negative form ／与否定形一起并用的语句／ những từ thường đi với dạng phủ định

∴ 整理

A.	なかなか	例 バスが**なかなか**来なかったので、歩いていくことにした。
B.	ぜんぜん	例 彼は、学校のことを**ぜんぜん**話そうとしない。
C.	二度と（にど）	例 こんなことを、**二度と**しないでください。
D.	さっぱり	例 彼女が何を言っているのか、**さっぱり**わからなかった。
E.	とうてい	例 この仕事は、私には**とうてい**できない。
F.	めったに	例 **めったに**学校を休まないワンさんが、今日は来ていない。
G.	とても（とても）	例 こんなにたくさん、**とても**食べられそうにありません。
H.	たいして	例 この料理は**たいして**時間がかからないし、とてもおいしい。

② 話し手の気持ちや判断を表すもの

things that express the speaker's feelings or decisions ／表示话者心情及判断的语句／ những từ chỉ tâm trạng hoặc đánh giá của người nói

∴ 整理

A.	**案外**（あんがい）	例 難しいと思っていたが、テストは**案外**、簡単だった。
B.	**今さら**（いま）	例 あんなひどいことをしておいて、**今さら**謝っても、もう遅いよ。
C.	**きっと**	例 こんなに勉強してるんだから、次のテストは**きっと**合格するよ。
D.	**いずれ**	例 日本で就職しますが、**いずれ**国に帰るつもりです。
E.	**もしかすると／ひょっとすると**	例 **もしかすると**、スターに会えるかもしれない。

③ 変化を表すもの　things that expression change ／表示变化的语句／ những từ chỉ sự thay đổi

∴ 整理

A.	**だんだん**	例 日本語の授業は**だんだん**難しくなってきました。

B. やっと／ようやく　　例 何回も書き直して、やっと作文が完成した。

C. 相変わらず　　　　　例 息子は勉強していると言うが、成績は相変わらず悪いままだ。

D. ぐっと　　　　　　　例 1回目に比べて、2回目の試験の点はぐっとよくなった。

E. がらりと／がらっと

　　例 課長は部長の前では大人しいが、部下に対しては態度ががらっと変わって偉そうになる。

④ 物事の状態・状況を表すもの

things that express the state of matters ／表示事物的状态・状况的语句／ những từ chỉ tình trạng, tình hình của sự việc

∷ 整理

A. あいにく　　　　　例 彼を訪ねて行ったんですが、あいにく留守でした。

B. 改めて　　　　　　例 お返事は来週 改めてお伺いしますので、考えておいてください。

C. なんとか　　　　　例 友だちが経済的に困っているので、なんとか助けてあげたい。

D. どうにも（こうにも）例 今月はどうにもこうにもお金が足りない。

🎧 聞いてみましょう・12

Disc 1
13

短い会話を聞いて、こたえている人の状況に合うものをa・bから1つ選んでください。

⇒答えは p.35

① A：今の先生の話、わかった？
　　B：さっぱり。
　　a．先生の話は少しわかった。
　　b．先生の話は全然わからなかった。

② A：レポート、できたんだね。
　　B：やっとね。
　　a．レポートを書くのに時間がかかった。
　　b．レポートはすぐできた。

③ A：今回のテスト、あまり難しくなかったね。
　　B：案外ね。
　　a．テストはあまり難しくないと思っていた。
　　b．テストはもっと難しいと思っていた。

④ A：あなたなら、一人でこの仕事ができるでしょう？
　　B：とてもとても…。
　　a．一人でもできる。
　　b．一人ではできない。

⑤ A：さやかさんって、男性と話すときは態度が変わるよね。
　　B：がらっとね。
　　a．さやかさんが男性と話すときに態度が大きく変わると思っている。
　　b．さやかさんが男性と話すときに態度が少し変わると思っている。

⑥ A：明日のパーティーのことなんだけど、店を変えられないかなあ？
　　B：今さら？
　　a．今から店を変えるのはいやだと思っている。
　　b．今から店を変えてもいいと思っている。

⑦ A：久しぶり、元気？　毎日忙しい？
　　B：相変わらずね。
　　a．以前と同じで忙しい。
　　b．以前よりずっと忙しい。

⑧ A：だめですよ、もう申し込みの締め切りは過ぎたんですから。
　　B：そこを何とか…。
　　a．締め切りは過ぎたが、申し込みたい。
　　b．締め切りが過ぎたので、諦める。

会話の流れ
（かいわ）（なが）

　会話を正しく聞き取るためには、単語や表現を聞き取るのと同時に、話の流れをしっかりと
（かいわ）（ただ）（き と）　　　　　　　　　　（たんご）（ひょうげん）（き と）　　　（どうじ）　　　（はなし）（なが）
らえることがとても重要です。会話場面の状況を理解し、いろいろな情報をヒントにしながら、
　　　　　　　　　　（じゅうよう）　（かいわ ばめん）（じょうきょう）（りかい）　　　　　　　　　（じょうほう）
話の展開を追うようにしましょう。
（はなし）（てんかい）（お）

やってみましょう

※このドリルには、音声はありません。
　　　　　　　　　　（おんせい）

場面の状況や会話の流れから、下線部には、a、b のどちらが入りますか。
（ば めん）（じょうきょう）（かい わ）（なが）　　　　（か せん ぶ）　　　　　　　　　（はい）

⇒答えは p.36

① A：田中さん、来月結婚するらしいよ。
　　（た なか）　　（らいげつけっこん）
　　B：ええ？　_______________________

　　{ a. 田中さんって、まだ独身だったの？
　　　　（た なか）　　　　　（どくしん）
　　{ b. 田中さんって、もう子どもがいるの？
　　　　（た なか）　　　　　　（こ）

② A：今度、二人で晩ご飯でも食べない？
　　（こん ど）（ふたり）（ばん）（はん）（た）
　　B：え？　二人で？？
　　　　　　（ふたり）
　　A：だめ？
　　B：うう～ん……　_______________________

　　{ a. ぜひ、明日、行きましょう。
　　　　　　　（あした）（い）
　　{ b. また、いつかね。

③ A：お客様、こちらの申し込みには、身分証明書が必要なんですが……。
　　（きゃくさま）　　　（もう こ）　　　（み ぶんしょうめいしょ）（ひつよう）
　　B：そうですか。健康保険証でいいですか。
　　　　　　　　　（けんこう ほ けんしょう）
　　A：写真つきのものでないと……。運転免許証かパスポートはお持ちではないでしょう
　　　　（しゃしん）　　　　　　　　　（うんてんめんきょしょう）　　　　　　　　　（も）
　　　　か。
　　B：わかりました。_______________________

　　{ a. パスポートを持ってきます。
　　　　　　　　　　（も）
　　{ b. 健康保険証を持ってきます。
　　　　（けんこう ほ けんしょう）（も）

Disc 1
TR 14

聞いてみましょう・13

短い会話を聞いて、その流れに合うものを a・b から１つ選んでください。

⇒答えは p.36

① A：田中さん、入院しているんだって。
　 B：そうなの？ ＿＿＿＿＿＿＿＿
　 a. 全然知らなかった。
　 b. みんな知ってるよ。

② A：スポーツはお好きですか。
　 B：見るのは好きなんですが、＿＿＿＿＿＿
　 ＿＿＿＿
　 a. するのも好きです。
　 b. するのはちょっと…

③ A：今日はほんとに暑いね。
　 B：そうかな？ ＿＿＿＿＿＿＿
　 a　昨日より暑いんじゃない？
　 b. 昨日のほうが暑かったんじゃない？

④ A：コーヒー、ホットとアイスのどちらにする？
　 B：冷たいのは体に悪いから、＿＿＿＿＿＿
　 ＿＿＿＿
　 a. ホットにする。
　 b. アイスにする。

⑤ A：おかあさん、アイスクリーム買って。
　 B：しょうがないわね、＿＿＿＿＿＿＿＿
　 a. 今日だけよ。
　 b. 明日からよ。

⑥ A：うるさいなあ、今何時だと思ってるの？
　 B：すみません、＿＿＿＿＿＿＿
　 a. 10時だと思います。
　 b. 気をつけます。

⑦ A：ゆうべのサッカー、見た？すごい試合だったね。
　 B：見たよ。＿＿＿＿＿＿＿＿
　 a. ずっと１対１のままだったね。
　 b. ５対０から逆転勝ちしたね。

⑧ A：もしもし、ABC 商事の田中と申しますが、佐々木課長、いらっしゃいますか。
　 B：佐々木はただいま席をはずしておりますが…
　 A：そうですか。では ＿＿＿＿＿＿＿＿

　 a. のちほどかけ直します。
　 b. のちほど伝言をお願いします。

⑨ A：店長、ちょっとお願いがあるんですが…
　 B：何ですか。
　 A：来週の金曜日、友だちが国から来るので、
　 ＿＿＿＿＿＿＿
　 a. アルバイトを休ませてもらえないでしょうか。
　 b. 今日働かせてもらえないでしょうか。

⑩ A：東京まで行くんだけど、何で行ったらいいかなあ。
　 B：高くてもいいなら、飛行機か新幹線かな。速いし。
　 安いほうがいいなら、夜行バスだね。時間はかかるけど。
　 A：私、せまいと寝られないのよ。
　 ＿＿＿＿＿＿＿
　 a. バスにするわ。
　 b. 飛行機か新幹線にするわ。

⑪ A：もう全員集まった？
　 B：さやかちゃんがまだ。
　 A：彼女、よく寝坊するから、＿＿＿＿＿＿
　 ＿＿＿
　 a. かぜでもひいたんだろう。
　 b. まだ寝ているかもしれないなあ。

⑫ A：もしもし、松本歯科医院でございます。
　 B：田中と申しますが、明日の予約を変更してほしいんですが…

⑬ A：今週と来週はもういっぱいで、さ来週も金曜日しかお取りできませんが…
　 B：そんなに遅くなるんですか。困ったなあ。じゃあ ＿＿＿＿＿＿＿
　 a. なんとか明日行きます。
　 b. 今週の金曜日にお願いします。

PART ❶ 基礎編
PART ❷ 対策編
課題理解　ポイント理解　概要理解　即時応答　統合理解
PART ❸ 模擬試験
試験に出る言葉

練習問題の答えとスクリプト
れんしゅうもんだい　　こた

practice answers and scripts ／練习的解答及解说（剧本）／ đáp án bài luyện tập và kịch bản

UNIT 1 音の特徴を聞き分けよう
おと　とくちょう　き　わ

1 「っ」

👤 聞いてみましょう・1
き

① 正解：a
せいかい
a：田中さんは、きのう3時ごろ学校に<u>いった</u>と言っている。
b：田中さんは、きのう3時ごろ学校に<u>いた</u>と言っている。

② 正解：b
せいかい
a：すみません、誰か<u>来て</u>もらえませんか。
b：すみません、エアコンを<u>切って</u>もらえませんか。

③ 正解：b
せいかい
a：父に、すぐ<u>立て</u>と言われました。
b：父に、すぐ<u>立って</u>と言われました。

④ 正解：a
せいかい
a：そんなことを言ったら、<u>かえって</u>失礼じゃない？
b：失礼なことを言われて、彼は顔色を<u>変えて</u>怒っていた。

⑤ 正解：a
せいかい
a：あれ、<u>さっき</u>ご飯を食べたのに、また食べるの？
b：あれ、<u>先</u>にご飯を食べたんじゃなかったの？

⑥ 正解：b
せいかい
a：私の国では、年配の女性はあまり<u>化粧</u>をしません。
b：明日はいよいよ<u>決勝</u>だ。絶対に勝つぞ。

⑦ 正解：b
せいかい
a：彼のことを<u>心配</u>しても、あまり意味がないよ。
b：彼は何度<u>失敗</u>しても、決してあきらめませんでした。

⑧ 正解：a
せいかい
a：地震がおこって、きれいな<u>食器</u>が全部割れてしまった。
b：彼は<u>初期</u>のがんだとわかったが、入院はしていない。

2 「ん」

👤 聞いてみましょう・2
き

① 正解：b
せいかい
a：私は<u>家事</u>が得意ではありません。
b：あの店の人は、<u>感じ</u>がよくないね。

② 正解：a
せいかい
a：日本でレストランを作りたいが、<u>資金</u>がない。
b：日本は春・夏・秋・冬の<u>四季</u>があります。

③ 正解：b
せいかい
a：大阪は、日本で2番目に大きな<u>都市</u>です。
b：彼は、<u>都心</u>のマンションに住んでいます。

④ 正解：a
せいかい
a：彼は自分の<u>意見</u>をはっきり言うタイプです。
b：彼はよく近くの<u>池</u>に魚を釣りに行きました。

⑤ 正解：a
せいかい
a：クラスで一番文法の<u>点数</u>が高いのは、王さんです。
b：このたびはお<u>手数</u>をおかけして、申し訳ありません。

⑥ 正解：b
せいかい
a：病院から<u>けさ</u>連絡がありました。
b：きのう病院に目の<u>検査</u>に行きました。

⑦ 正解：a
せいかい
a：また<u>けんか</u>したの？　今月になって何回目？
b：また<u>けが</u>したの？気をつけなくちゃだめじゃない！

⑧ 正解：b
せいかい
a：その作業のために<u>何</u>が必要ですか。
b：その作業のために<u>何人</u>必要ですか。

3 「゛」と「゜」

👤 聞いてみましょう・3
き

① 正解：b
せいかい
a：<u>ペット</u>を飼っている人なら、彼女の気持ちがわかるでしょう。
b：これは母が猫のために買った<u>ベッド</u>です。

② **正解：b**

a：母の誕生日に**バッグ**をプレゼントしようと思っています。

b：母に頼まれて卵を1**パック**買いました。

③ **正解：a**

a：新入社員の**歓迎**会は、6時から1階のレストランで行います。

b：パーティーは、会場の**関係**で5時からになりました。

④ **正解：a**

a：レポートの提出**期限**は、来週の金曜日です。

b：雪の上を自転車で走るのは**危険**です。

⑤ **正解：b**

a：コンビニで**公共**料金の支払いができます。

b：農業は第一次産業、**工業**は第二次産業といいます。

⑥ **正解：a**

a：彼は大金持ちで、すごく**豪華**なマンションに住んでいます。

b：**高価**なものは要りません。気持ちだけで十分です。

⑦ **正解：a**

a：部屋を出るときは**電気**を消しなさい。もったいないでしょう。

b：こんなに**天気**がいいんだから、散歩でもしましょう。

⑧ **正解：b**

a：コンビニですか。あそこの**信号**を左に曲がったらありますよ。

b：日本の**人口**はこれから減っていくと思われます。

4 長音
ちょうおん

🎧 聞いてみましょう・4

① **正解：b**

a：あそこは山田さんの**おじさん**がやっている店ですよ。

b：山田さんはもう70歳だけど、**おじいさん**には見えないね。

② **正解：a**

a：田中さんの**おばあさん**の陽子さんは、アメリカで生まれたそうです。

b：25歳の妹は、高校生に「**おばさん**」と呼ばれて怒っていました。

③ **正解：b**

a：週末に山に登ったんだけど、すごくいい**景色**だったよ。

b：テストの**形式**がわからなかったから、いい点が取れなかったんだ。

④ **正解：a**

a：交通事故にも、いろいろな**ケース**があります。

b：書き間違えたら、消しゴムできれいに**消す**こと。

⑤ **正解：b**

a：話したいことがあるから、ちょっと**きて**よ。

b：ちょっと**きいて**よ、うちの会社、冬のボーナス出ないって。

⑥ **正解：a**

a：うちの娘、将来プロの**サッカー**選手になりたいって言うんです。

b：私は子どものころ本が大好きで、将来は**作家**になりたかったんです。

⑦ **正解：a**

a：私は医者を**一生**の仕事にしたいと思って、医学部に入ったんです。

b：これからずっと**一緒**にいたい、と思って彼女と結婚したんです。

⑧ **正解：b**

a：会社という**組織**に入ったら、そこのルールに従うべきです。

b：日本の習慣では、**葬式**には黒い服を着ていくことになっています。

UNIT2 音の変化を聞き取ろう
おと　へんか　き　と

1 「て＋い⇒て」「て＋お⇒と」になるパターン

🎧 聞いてみましょう・5

① **正解：b**

あ、雨ですね。傘は持っていますか。

a. うん、持ってくよ。

b. うん、持ってるよ。

c. うん、持ってったよ。

② 正解：c

駅から遠いですね。タクシーに乗りますか。
a. うん、乗ってる。
b. うん、乗っとく。
c. うん、乗ってく。

③ 正解：a

おなかすいた〜。ねえ、ごはん、まだ？
a. 今作ってるから、ちょっと待って。
b. さっき作ってたから、ちょっと待って。
c. 作っとくから、ちょっと待って。

④ 正解：b

スキー、したことある？
a. うん、国でやっとく。
b. うん、国でやってた。
c. うん、国でやってく。

⑤ 正解：a

部屋の掃除、しといてくれる？
a. わかった、しとく。
b. わかった、しといた。
c. わかった、しといて。

⑥ 正解：c

私、ちょっとコンビニに寄るから、先に行ってて。
a. あ、そう。じゃ、先に行っててね。
b. あ、そう。じゃ、先に行ってくね。
c. あ、そう。じゃ、先に行ってるね。

② 「や」「ゅ」「ょ」になるパターン

聞いてみましょう・6

① 正解：c

今日、さいふ持って来るの忘れちゃった。
a. いいね、そのさいふ、どこで買ったの？
b. そう、何を持って来るの忘れたの？
c. 大丈夫？　お金、貸したげようか。

② 正解：b

こんなところで、寝ちゃだめだよ。
a. わかった。こんなところだね。
b. わかった。あっちで寝るよ。
c. わかった。寝ちゃったね。

③ 正解：a

こんなに難しいんじゃ、誰もわからないよ。
a. ほんと、難しいよね。
b. ほんと、やさしいよね。
c. ほんと、おもしろいよね。

④ 正解：b

明日からの旅行、台風でだめになっちゃったんだ。
a. そう、こわかったね。
b. そう、残念だったね。
c. そう、だめだったね。

⑤ 正解：c

宿題に名前を書かなくちゃ、先生に叱られるよ。
a. うん、書かない。
b. うん、書いちゃった。
c. うん、わかってる。

⑥ 正解：a

もうちょっと安けりゃ、買うんだけどね。
a. そうだね、高いよね。
b. そうだね、安いよね。
c. そうだね、高くないよね。

⑦ 正解：c

あ、8時だ。もう帰らなきゃ。
a. もういいじゃない。
b. ずっといいじゃない。
c. まだいいじゃない。

⑧ 正解：b

あと 10 分しかない……遅刻したらどうしよう……
a. だいじょうぶだよ、ぎりぎりに着いちゃいけないから。
b. だいじょうぶだよ、ぎりぎりに着きゃいいから。
c. だいじょうぶだよ、ぎりぎりに着いちゃったから。

③ 「〜て」「〜って」になるパターン

聞いてみましょう・7

① 正解：b

日本の就職活動って、大変なんだね。
a. そうなんだよ、活動なんだよ。
b. そうなんだよ、大変なんだよ。
c. そうなんだよ、就職なんだよ。

② 正解：a
田中さんって、大学の先生？
a. うん、そうらしいよ。
b. うん、大学生らしいよ。
c. うん、田中さんらしいよ。

③ 正解：b
彼は、誰に何を言われたってかまわないって。
a. じゃ、誰でもいいんですね。
b. へえ、意志が固いんですね。
c. え？　全然覚えていないんですか。

④ 正解：c
今から急いで行ったって、意味がないと思うよ。
a. そう、じゃ、急いで行こうよ。
b. そう、じゃ、急いで行かなくちゃ。
c. そう、じゃ、急いで行かなくてもいいね。

⑤ 正解：a
何をしてるんだって、社長にどなられたんだ。
a. ええ？　あのやさしい社長に？
b. ええ？　社長は何をしてるの？
c. ええ？　社長はなんてどなったの？

⑥ 正解：c
さっき、先輩、何て言ってた？
a. 先輩、今何ておっしゃいましたか。
b. 先輩に失礼なこと言っちゃだめだよ。
c. 先輩は、明日も学校に来て練習しろって。

⑦ 正解：a
これからも友だちでいましょうって言われたんだけど、
男性としては好きじゃないってこと？
a. うん、そうだと思うよ。
b. うん、友だちっていいよね。
c. うん、きっと大好きだよ。

⑧ 正解：c
あの店は平日だって込んでいるから、予約したら？
a. わかった、しといて。
b. わかった、平日に予約するよ。
c. わかった、今からするよ。

4 「ん」になるパターン

聞いてみましょう・8
① 正解：C
こんなにたくさん持っていく物があるの？　スーツケースに入んないよ。

② 正解：D
今度、私んちでパーティーをするけど、来る？

③ 正解：E 3
きのう寝てないもんで、つい、うとうとしちゃった。

④ 正解：E 4
年をとったら、どこか体が悪くなるもんだ。

⑤ 正解：B
昨日は熱があったんで、すぐ帰ったんだ。

UNIT 3 終助詞

聞いてみましょう・9
① 正解：a
失礼ですが、山田さんですか。
a. ええ、そうです。
b. ええ、そうですか。
c. ええ、そうですね。

② 正解：c
今日は寒いですね。
a. そうですよ。
b. そうですが。
c. そうですね。

③ 正解：c
おかあさん、お皿、ここに置いとくね。
a. うん、そうね。
b. うん、そうよ。
c. うん、ありがとう。

④ 正解：c
日本で何をしてるの？
a. 専門学校に行ってますか。
b. 専門学校に行ってますね。
c. 専門学校に行ってます。

⑤ 正解：b
あの店、安くておいしいよね。
a. うん、行ってみたいね。
b. うん、また行きたいね。
c. うん、行ったことないね。

⑥ 正解：a
今度のテスト、難しいかな。
a. そうだな、わからないなあ。
b. そうだよ、わからないよ。
c. そうか、わからないか。

⑦ 正解：b
だめですよ、ここに自転車をとめちゃ。
a. あ、だめですよ。
b. あ、すみません。
c. あ、とめなくちゃ。

⑧ 正解：c
どうして昨日来なかったの？
a. 頭が痛かったんだね。
b. 頭が痛かったのかな。
c. 頭が痛かったんだよ。

UNIT 4　イントネーション

聞いてみましょう・10

① 正解：a
晩ご飯、何を作ったらいい？（↗）
a. カレーがいいんじゃない？（↗）
b. カレーがいいんじゃない。（↘）※「よくない」の意味

② 正解：b
このノート、田中さんのじゃない？（↗）
a. ううん、私のじゃない。（↗）
b. ううん、私のじゃない。（↘）※「私のものではない」
　の意味

③ 正解：b
その靴、すてきじゃない。（↘）
※「すてきだ」と強く訴える
a. うん、すてきじゃない。（↘）　※「すてきではない」
b. うん、ありがとう。

④ 正解：a
見て、この靴、すてきじゃない（↗）
a. うん、いいね。
b. うん、すてきじゃない。（↘）

⑤ 正解：a
キムさんって、かっこいいよね。
a. そう（↘）、ハンサムだしね。
b. そう（↗）、ハンサムだしね。※反対であることを示す

⑥ 正解：b
キムさんって、かっこよくない？（↗）
a. そう（↘）、やせすぎじゃない？（↗）
b. そう（↗）、やせすぎじゃない？（↗）

⑦ 正解：a
私も一緒にハイキングに行くことになりました。
a. ええ（↗）、先生も（↗）。楽しみです。
b. ええ（↘）、先生も（↘）。楽しみです。
　　※「一緒に行くのはいや」という気持ち

⑧ 正解：a
彼女の気持ちがわからなかったあなたが悪いんじゃな
い（↘）。※「あなたが悪い」と訴える
a. そう、僕が悪いんだ。
b. そう、僕が悪いんじゃない。

UNIT 5　指示詞

聞いてみましょう・11

① 正解：b
新幹線じゃなくて、バスで行ったら安いんじゃない？
a. これはこうだけど…
b. それはそうだけど…
c. あれはああだけど…

② 正解：c
この2、3日、おなかの調子が悪くて…
a. それは2、3日ですね。
b. それは悪いんですね。
c. それはいけませんね。

③ 正解：a
お葬式に行くのに、その服はどうかと思うよ。
a. やっぱりだめですよね。
b. やっぱりお葬式ですよね。
c. やっぱりこの服ですよね。

④ 正解：b
あの部屋、広くてきれいなんだけど、家賃があれじゃあね…。
a. ほんと、いいよね。
b. ほんと、高すぎるよね。
c. ほんと、これだよね。

⑤ 正解：a
いやー、これはひどい状態だね。
a. ええ。私たちにはどうすることもできません。
b. ええ。私たちにはそうすることができません。
c. ええ。私たちにはああすることはできません。

⑥ 正解：c
高校生の頃は楽しかったなあ。
a. そうだね、このころに戻りたいね。
b. そうだね、そのころに戻りたいね。
c. そうだね、あのころに戻りたいね。

UNIT 6 副詞の省略表現パターン

聞いてみましょう・12

① 正解：b
A：今の先生の話、わかった？
B：さっぱり。
　a．先生の話は少しわかった。
　b．先生の話は全然わからなかった。

② 正解：a
A：レポート、できたんだね。
B：やっとね。
　a．レポートを書くのに時間がかかった。
　b．レポートはすぐできた。

③ 正解：b
A：今回のテスト、あまり難しくなかったね。
B：案外ね。
　a．テストはあまり難しくないと思っていた。
　b．テストはもっと難しいと思っていた。

④ 正解：b
A：あなたなら、一人でこの仕事ができるでしょう？
B：とてもとても…
　a．一人でもできる。
　b．一人ではできない。

⑤ 正解：a
A：さやかさんって、男性と話すときは態度が変わるよね。
B：がらっとね。
　a．二人は、さやかさんが男性と話すときに態度が大きく変わると思っている。
　b．二人は、さやかさんが男性と話すときに態度が少し変わると思っている。

⑥ 正解：a
A：明日のパーティーのことなんだけど、店を変えられないかなあ？
B：今さら？
　a．今から店を変えるのはいやだと思っている。
　b．今から店を変えてもいいと思っている。

⑦ 正解：a
A：久しぶり、元気？　毎日忙しい？
B：相変わらずね。
　a．以前と同じで忙しい。
　b．以前よりずっと忙しい。

⑧ 正解：a
A：だめですよ、もう申し込みの締め切りは過ぎたんですから。
B：そこを何とか…
　a．締め切りは過ぎたが、申し込みたい。
　b．締め切りが過ぎたので、諦める。

✏️ やってみましょう

正解
せいかい
① **a**　　② **b**　　③ **a**

👤 聞いてみましょう・13
き

① 正解：a
せいかい
A：田中さん、入院しているんだって。
　　たなか　にゅういん
B：そうなの？ ＿＿＿＿＿＿＿＿＿
　　{ a. 全然知らなかった。
　　　　ぜんぜんし
　　{ b. みんな知ってるよ。
　　　　　　　し

② 正解：b
せいかい
A：スポーツはお好きですか。
　　　　　　　す
B：見るのは好きなんですが、＿＿＿＿＿＿＿
　　み　　　す
　　{ a. するのも好きです。
　　　　　　　　す
　　{ b. するのはちょっと…

③ 正解：b
せいかい
A：今日はほんとに暑いね。
　　きょう　　　　あつ
B：そうかな？ ＿＿＿＿＿＿＿＿＿
　　{ a　昨日より暑いんじゃない？
　　　　きのう　　あつ
　　{ b．昨日のほうが暑かったんじゃない？
　　　　きのう　　　　あつ

④ 正解：a
せいかい
A：コーヒー、ホットとアイスのどちらにする？
B：冷たいのは体に悪いから、＿＿＿＿＿＿＿
　　つめ　　　からだ　わる
　　{ a. ホットにする。
　　{ b. アイスにする。

⑤ 正解：a
せいかい
A：おかあさん、アイスクリーム買って。
　　　　　　　　　　　　　　か
B：しょうがないわね、＿＿＿＿＿＿＿＿
　　{ a. 今日だけよ。
　　　　きょう
　　{ b. 明日からよ。
　　　　あした

⑥ 正解：b
せいかい
A：うるさいなあ、今何時だと思ってるの？
　　　　　　　　いまなんじ　　おも
B：すみません、＿＿＿＿＿＿＿＿
　　{ a. 10時だと思います。
　　　　　じ　　おも
　　{ b. 気をつけます。
　　　　き

⑦ 正解：b
せいかい
A：ゆうべのサッカー、見た？すごい試合だったね。
　　　　　　　　　　　み　　　　しあい
B：見たよ。＿＿＿＿＿＿＿＿
　　み

　　{ a. ずっと1対1のままだったね。
　　　　　　たい
　　{ b. 5対0から逆転勝ちしたね。
　　　　たい　　　ぎゃくてんが

⑧ 正解：a
せいかい
A：もしもし、ABC商事の田中と申しますが、佐々木
　　　　　　　　しょうじ　たなか　もう　　　　ささき
　課長、いらっしゃいますか。
　かちょう
B：佐々木はただいま席をはずしておりますが…
　　ささき　　　　　せき
A：そうですか。では ＿＿＿＿＿＿＿
　　{ a. のちほどかけ直します。
　　　　　　　　　なお
　　{ b. のちほど伝言をお願いします。
　　　　　　　でんごん　ねが

⑨ 正解：a
せいかい
A：店長、ちょっとお願いがあるんですが…
　　てんちょう　　　　ねが
B：何ですか。
　　なん
A：来週の金曜日、友だちが国から来るので、
　　らいしゅう　きんようび　とも　　　　くに　　く
　＿＿＿＿＿＿＿
　　{ a. アルバイトを休ませてもらえないでしょうか。
　　　　　　　　　　　やす
　　{ b. 今日働かせてもらえないでしょうか。
　　　　きょうはたら

⑩ 正解：b
せいかい
A：東京まで行くんだけど、何で行ったらいいかなあ。
　　とうきょう　い　　　　　　なに　い
B：高くてもいいなら、飛行機か新幹線かな。速いし。
　　たか　　　　　　　ひこうき　しんかんせん　　はや
　安いほうがいいなら、夜行バスだね。時間はかか
　やす　　　　　　　　　やこう　　　　　じかん
　るけど。
A：私、せまいと寝られないのよ。
　　わたし　　　　　ね
　＿＿＿＿＿＿＿
　　{ a. バスにするわ。
　　{ b. 飛行機か新幹線にするわ。
　　　　ひこうき　しんかんせん

⑪ 正解：b
せいかい
A：もう全員集まった？
　　　　ぜんいんあつ
B：さやかちゃんがまだ。
A：彼女、よく寝坊するから、＿＿＿＿＿＿＿
　　かのじょ　　　ねぼう
　　{ a. かぜでもひいたんだろう。
　　{ b. まだ寝ているかもしれないなあ。
　　　　　　ね

⑫ 正解：a
せいかい
A：もしもし、松本歯科医院でございます。
　　　　　　まつもとしかいいん
B：田中と申しますが、明日の予約を変更してほしい
　　たなか　もう　　　　あした　よやく　へんこう
　んですが…
A：今週と来週はもういっぱいで、さ来週も金曜日し
　　こんしゅう　らいしゅう　　　　　　　らいしゅう　きんようび
　かお取りできませんが…
　　　と
B：そんなに遅くなるんですか。困ったなあ。じゃあ
　　　　　　おそ　　　　　　こま
　＿＿＿＿＿＿＿
　　{ a. なんとか明日行きます。
　　　　　　　あした
　　{ b. 今週の金曜日にお願いします。
　　　　こんしゅう　きんようび　ねが

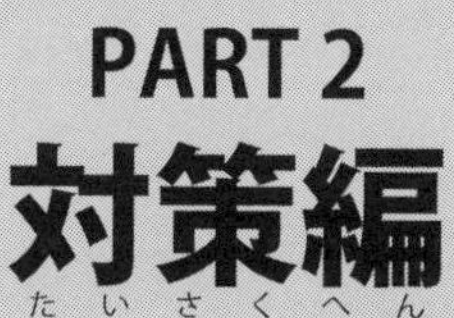

UNIT 1 会話の流れを読むパターン
かいわ　　　なが　　　　よ
Patterns where the flow of a conversation is read ／读懂对话话题模式／ mẫu hiểu được diễn biến của hội thoại

1 順接型
じゅんせつがた

2 逆接型
ぎゃくせつがた

3 行ったり来たり型
い　　　　　き　　　　がた

UNIT 2 会話の中に答えがないパターン
かいわ　　なか　　こた
Patterns where the answer is not in the conversation ／对话中无答案模式／ mẫu không có được câu trả lời trong hội thoại

1 消去型
しょうきょがた

2 予測型
よ　そくがた

3 言い換え型
い　か　　がた

4 指示語型
し　じ　ご　がた

❓ どんな問題？

　聴解試験の第1問は課題理解です。課題理解では、「何が課題で、その解決のために何が必要か」を理解しているかどうかを問います。

　具体的には「これからどうしますか」「このあとどうしますか」「最初に何をしますか」「どのようにしますか」などの質問文になります。

　問題は5問出題されます。最初にだれとだれが話しているのか、という簡単な状況の説明があり、質問文がまず示されます。そのあと、会話文が流れ、最後にもう一度、質問文が流れます。質問文は、会話をしている二人のどちらかについて、「これから何をするか」「どのようにするか」などの問いになります。答えは、印刷されている4つの選択肢から選びます。選択肢は語や句で示されますが、図や表が使われることもあるかもしれません。

⚙ 出題の基本パターン

　問題用紙には問題の説明文と4つの選択肢が、書かれています。はじめに例があります。

文字情報

問題1

　この問題では、まず、質問を聞いてください。それから話を聞いて、問題用紙の1から4の中から、最もよいものを一つ選んでください。

例

1　学生課に行く
2　図書館に行く
3　研究室に行く
4　体育館に行く

音声情報

【問題に入る前の説明】

🔊 まず、質問を聞いてください。それから話を聞いて、問題用紙の1〜4の中から最もよいものを選んでください。

各問題

【質問文】「何を聞き取らなければならないか」が流れます。

学校で女の先生と留学生が話しています。

【質問文】「何を答えるのか」が流れます。

留学生はこのあと、どうしますか。

【会話文】二人の会話が流れます。

A：あ、いま、どこ行くの？
B：体育館です。
A：今から、体育の授業？
B：いえ、携帯をなくしてしまって。学生課で聞いたら、体育館にあるって言われて…。
A：あ、そう。よかったね。それ、取ってきたら研究室に来てくれる？　ちょっと手伝ってほしいことがあるんだけど。
B：はい。じゃ、走って行ってきます。
A：そんなに急がなくてもいいわ。私もこの資料返しに図書館に行くところだから。じゃ、部屋で待ってる。
B：すぐ伺いますよ。先生の研究室ですね。

【質問文】最初の質問文がもう一度流れます。

留学生はこのあと、どうしますか。

 解き方のポイント

正解：4

① 文字情報である選択肢を見て、音声を聞く前に、どんな内容、状況かを考えます。
② 次に流れる状況説明から、だれとだれが、どんな場面で話しているのかを理解します。
③ 質問文で「だれ」のことが問われているのかをしっかりつかんで、メモしておきます。
④ そして、その人が「何をするか、しなければならないか」に注意して、会話を聞きます。
⑤ このとき、選択肢を見比べて、外れていると思ったものには×をつけていきます。
⑥ 最後に、会話の後の質問文で、もう一度、聞き取った内容が合っているか、確認します。
⑦ 正しいと思う選択肢を選びます。

覚えておこう

出題が予想される場面・話題・質問

予想される会話場面

- 大学（教室・研究室・事務室）…学生と教師、学生同士、学生と事務員。
- オフィス…部下と上司、同僚同士。
- 病院…患者と医者、患者と看護師。
- 店（飲食店・電気店）…店員と客、アルバイト店員と店長。
- アパートやホームステイ先など…学生と大家・ホストファミリー・近所の人。
- 家族…夫と妻、親と子など。
  - ＊ホームステイ：homestay／家庭访问居住／ở nhà riêng của người dân
  - ＊ホストファミリー：host family／居住家的主人／gia đình chủ nhà

予想される話題・状況

- レポートや論文…内容やテーマ、提出の方法・期限など。
- ゼミ…研究のテーマ、発表の順番など。
- 会議などの準備…会議やセミナーなどの準備。資料や会場の準備など。
- 上司の指示…書類の修正、資料の準備、客への対応など。
- 電話での指示や依頼…伝言、代わりの作業の依頼、修理の依頼など。
- 困った状況…体調不良、電車のトラブルなど。
  - ＊期限：time limit／期限／kỳ hạn
  - ＊対応（する）：(to) correspond／对应／ứng xử, ứng phó
  - ＊修正（する）：(to) correct／修正／chính sửa
  - ＊依頼（する）：(to) request／依赖／nhờ vả, yêu cầu

予想される質問

- 女の人はこのあと、何をしなければなりませんか。
- 男の学生はこのあと何をしますか。
- 店員はこのあとすぐ何をしなければなりませんか。
- 女の人はどうしますか。

UNIT 1 会話の流れを読むパターン
かいわ　なが　　よ

Patterns where the flow of a conversation is read／读懂对话话题模式／mẫu hiểu được diễn biến của hội thoại

1 順接型
じゅんせつがた
resultative／順接型／mẫu liên kết thuận

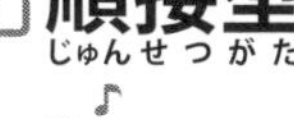

POINT

会話が、時間や話の流れに沿って、自然に進むパターンです。「何が問題か」「何が必要か」につながるキーワードをとらえましょう。
かいわ　　じかん　はなし　なが　　そ　　　　　　しぜん　すす　　　　　　　　　　　なに　もんだい　　なに　ひつよう

In these patterns, a conversation proceeds naturally along the flow of time or a story. Note keywords that connect to what the problem is or what is necessary.／对话根据时间及话题而自然进展模式。要抓住有关「什么是问题」「什么是必要的」的关键语句。／Là mẫu hội thoại được phát triển một cách tự nhiên theo thời gian hoặc diễn biến câu chuyện. Hãy thử nắm bắt những từ khoá kết nối đến "Vấn đề là gì" hay "Điều gì là cần thiết".

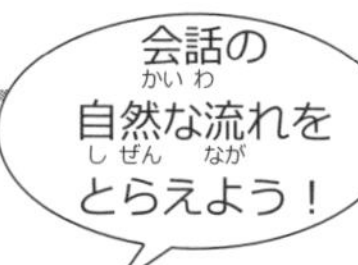

EXERCISE

練習 1
れんしゅう

Disc 1
TR
15

1　レントゲン室に行く
　　　　　　しつ　　い

2　受付の前で待つ
　　うけつけ　まえ　ま

3　写真を見る
　　しゃしん　み

4　診察室に行く
　　しんさつしつ　い

Memo

練習 2
れんしゅう

Disc 1
TR
16

1　スクリーンと音をチェックすること
　　　　　　　　おと

2　講師のパソコンを接続すること
　　こうし　　　　　　せつぞく

3　座席と会場案内を用意すること
　　ざせき　かいじょうあんない　ようい

4　会場の温度調節をお願いすること
　　かいじょう　おんどちょうせつ　ねが

Memo

練習1　Disc 1 15　　　　　　　　　　　　正解：2

病院で、男の人が医者と話しています。男の人はこれからどうしますか。

F：どうしましたか。

M：腕のこのあたりの骨が痛いんです。

F：いつからですか。

M：1週間ほど前です。

F：何をして痛くなりましたか。

M：先週、スキーをした時に木にぶつかったんです。ぶつかった瞬間はそんなに痛くなかったんですが、動かしたら、「あっ！」<u>って</u>……。

F：<u>じゃあ、レントゲンを撮りましょう</u>。レントゲン室はあちらですから、<u>いったん、受付の前でお待ちください</u>。<u>また、お呼びします</u>。

M：あの……骨が折れているんでしょうか。

F：これから写真を見て確認します。<u>レントゲンを撮ったら、この診察室の前でお待ちください</u>。

M：わかりました。

男の人はこれからどうしますか。

ことばと表現

- □ **骨**：bone ／骨头／ xương
- □ **瞬間**：moment ／瞬间／ khoảnh khắc
- □ **診察**（する）：Preparation Section ／对策篇／ phần luyện thi

★ **重要語をチェック！**
「～って」「いったん」「また」「～たら」
⇒ p.44

| どんな状況？ | 医者と患者。男の患者が何をするかを聞き取る。 |

| 何がテーマ？ | 病院内にあるいろいろな場所の、まず、どこに行くのか。 |

| 注意点と答えの選び方 | 選択肢の4カ所は、どれも男の患者がこれから行くところ。一番初めに行くのは、どこか。
医者の「じゃあ」は、今から何かを始めるときに使う言葉。 |

キーワードをキャッチ
「じゃあ、レントゲンをとりましょう」「いったん受付の前でお待ちください」「またお呼びします」
「撮ったら、この診察室の前でお待ちください」

練習2　Disc 1 TR 16

正解：1

大学で、女の先生と男の学生が話しています。男の学生は、明日の朝、一番に何をしますか。

M：先生、明日のセミナーですが、会場には9時集合ですね。

F：ええ。今回は会場がホテルで、今日は入れないから、準備は明日の朝、がんばりましょう。

M：はい。**最初にスクリーンとか音のチェックをするつもり**です。

F：ええ。講師の先生方はノートパソコンを持ってこられると思う。だから、それぞれの接続の確認も一緒にね。**先生が到着され次第**、お一人ずつしておいて。

M：はい。ほかの人に伝えて、みんなでやります。座席の位置とかは？

F：それは、ホテルに出してあるから大丈夫。いろいろ協力し<u>てくれる</u>から、助かる。

M：さすがホテルですね。

F：そうね。それから部屋の温度だけど、着いてすぐは皆さん暑いと思うから、最初の30分は少し強めがいいな。それはホテルの人にお願いすることになると思うけど。今から伝え<u>ておいてくれる</u>？

M：わかりました。

F：あと、資料は先にホテルに送ってあるから、**会場の準備ができ<u>たら</u>**、テーブルに配っておいて。受付は佐藤さんたちね。一番大事なのは遅刻しないこと。さ、今日はもう解散しましょう。

男の学生は明日の朝、一番に何をしますか。

ことばと表現

□ **接続**（する）：Patterns where the flow of a conversation is read ／读懂对话话题模式／ mẫu hiểu được diễn biến của hội thoại

□ **到着**（する）：着くこと。

□ **位置**：position ／位置／ vị trí

□ **解散**（する）：(to) break up ／解放／ giải tán

★ **重要語をチェック！**

「つもり」「～次第」

「～てくれる」

「～ておいてくれる」⇒ p.44

| どんな状況？ | 大学の先生と学生が、明日のセミナーの打ち合わせをしている。 |

| 何がテーマ？ | 明日の準備の中で、一番最初に学生がすることは何か。 |

| 注意点と答えの選び方 | しなくてもいいことと、先生がしてほしいと思っていることを聞き分ける。「到着され次第」の意味を考える。 |

キーワードをキャッチ
「最初にスクリーンと音のチェックをするつもりです」「先生が到着され次第」「今から伝えて」
「会場の準備ができたら」

PART ❶ 基礎編
PART ❷ 対策編
課題理解
ポイント理解
概要理解
即時応答
統合理解
PART ❸ 模擬試験
試験に出る言葉

<table><tr><td>重要語
じゅうようご</td><td>使い方チェック！
つか　かた</td></tr></table>

練習1
れんしゅう

(1) ～って　　～と～した

① 初めてだと思っていたら、知っている人だったから「えっ！」って。（思った）。
　はじ　　　　おも　　　　　　　　　し　　　　　　ひと　　　　　　　　　　　　　　　　　　　　　おも
② 朝から雨が強く降っていたんです。それで「やめよう」って。（決めた）
　あさ　　あめ　つよ　ふ　　　　　　　　　　　　　　　　　　　　　　　　　　き

(2) いったん　　続けないで、一度ほかのことをする。一時的に少しの間、何かをする。
　　　　　　　　　　　　つづ　　　　　いちど　　　　　　　　　　いちじてき　すこ　　あいだ　なに

① 大体できてきたから、いったん、ここで休憩しようか。
　だいたい　　　　　　　　　　　　　　　　　　きゅうけい
② 交差点では、いったん停止して、左右を確認しましょう。
　こうさてん　　　　　　　　ていし　　　　さゆう　かくにん

(3) また　　もう一度同じことをくり返す
　　　　　　いちどおな　　　　　かえ

① 来年、またここで会いましょう。
　らいねん　　　　　　あ
② また同じミスをしたんですか！　しっかり反省してくださいよ。
　　おな　　　　　　　　　　　　　　　　　はんせい

(4) ～たら　　～したあとで

① 駅に着いたら、電話してください。すぐに迎えに行きます。
　えき　つ　　　　　でんわ　　　　　　　　　　　　　むか　　い
② 起きたら、カーテンを開けて、朝の光を浴びましょう。
　お　　　　　　　　　　あ　　　あさ　ひかり　あ

練習2
れんしゅう

(1) つもり　　そうしようという気持ちがある
　　　　　　　　　　　きも

① ぼくは大学に入ったら、クイズ研究会に入るつもりだ。
　　　　だいがく　はい　　　　　　　けんきゅうかい　はい
② ２、３年後には結婚するつもりだったけど、恋人と別れてしまった。
　　　ねんご　　　けっこん　　　　　　　　　　　こいびと　わか

(2) ～次第　　その状況になったらすぐに。
　　　しだい　　　じょうきょう

① このメールを読み次第、出発してください。
　　　　　　　　よ　　しだい　しゅっぱつ
② 荷物が届き次第、作業をはじめましょう。
　にもつ　とど　しだい　さぎょう

(3) ～てくれる　　AはB（＝私）にVてくれる⇒Aの行為VはB（＝わたし）にはうれしいこと。
　　　　　　　　　　　　　　　わたし　　　　　　　　こうい

① 母は毎晩、私たちに本を読んでくれた。
　はは　まいばん　わたし　　ほん　よ
② すみません、そこの塩をとってくれませんか。
　　　　　　　　　　しお

(4) ～ておいてくれる　　AはB（＝私）にVておいてくれる⇒Aは何かに備えてB（＝私）のためにV
　　　　　　　　　　　　　　　　　わたし　　　　　　　　　　　なに　そな　　　　　わたし

① 母は、ワイシャツをクリーニングに出しておいてくれた。
　はは　　　　　　　　　　　　　　　　　　だ
② 彼女は、田中さんのチケットも買っておいてくれた。
　かのじょ　たなか　　　　　　　　　　か

2 逆接型 ぎゃくせつがた　contradictory ／逆接型／ mẫu liên kết nghịch

POINT

- 会話の途中や最後に話の流れが変わります。
  The flow of the conversation changes in the middle or at the end. ／对话中途或最后话题出现变化。／ Diễn biến câu chuyện sẽ thay đổi ở cuối hay giữa hội thoại.

- 話の流れを変える逆接の接続詞が聞き取れるか、が重要です。
  It is important to hear the contradictory conjunction that changes the flow of the conversation. ／能否听懂表示话题转换的逆接接续词很重要。／ Điều quan trọng là cần phải nghe được từ chỉ liên kết ngược để thay đổi diễn biến của câu chuyện.

《逆接の接続詞》でも、けれども、だけど、なのに、そうはいっても、など。

EXERCISE

Disc 1
TR 17

練習 3

1　駅前のふつうの店を予約する

2　となりの駅の店を予約する

3　今、一番話題の店を予約する

4　駅向こうの店を予約する

Memo

Disc 1
TR 18

練習 4

1　高さ 150 センチ、容量 200 リットルの冷蔵庫

2　高さ 160 センチ、容量 350 リットルの冷蔵庫

3　高さ 170 センチ、容量 400 リットルの冷蔵庫

4　高さ 180 センチ、容量 400 リットルの冷蔵庫

Memo

練習3　　Disc 1　17

正解：4

男の人と女の人が話をしています。男の人はこれからどうしますか。

M：今月の忘年会、**駅前**がいいですよね。帰りが便利ですし……。

F：あ、田中さんが係なの？　頼むね、おいしいとこ。だけど、駅前は<u>もう一つ</u>かな。どこにでもあるイタリアンかラーメン店ばかりでしょ？

M：ま、「今話題の」とか、「評判の」とかだったら、この辺じゃ、難しいと思います。**タクシーでとなりの駅**まで行けば、いろいろありますけど。とれたて野菜のてんぷら屋とか新鮮な魚料理店とか。

F：うん、いいんじゃない。そうだなあ……寒いから、鍋料理とかであったまりたいな。スープ鍋はどう？

M：ああ、いいと思います。じゃあ、お店探して予約しておきます。移動の時間があるので、8時からでいいですか。

F：8時か……ちょっと遅いね。みんな、きっと、おなかすいてるだろうし。もうちょっと早めましょう。

M：そう言えば、**駅の反対側**に新しい居酒屋があります。5、6分のところで、九州の魚か鳥肉が自慢のお店だったと思います。

F：へえ、どっちだろう？　でも、近いし、新しいってのは魅力。

M：ええ。はずれの場合もありますけど。

F：ま、それも楽しみじゃない。

男の人はこれからどうしますか。

ことばと表現

- □ **評判**：reputation ／评价／ dánh giá
- □ **とれたて**：とれたばかり、とれてすぐ。
- □ **鍋**：pot ／锅／ lẩu
- □ **居酒屋**：pub; tavern; izakaya ／酒馆儿／ quán rượu
- □ **はずれ**：failure; miss ／没中／ trượt, trật

★ **重要語をチェック！**
「もう一つ」「どっか」
⇒ p.48

どんな状況？　男の人と女の人は、忘年会の場所を探している。

何がテーマ？　結局、いろいろな店が出てきた中でどこに行くことにするか。

注意点と答えの選び方　女の人は男の人の提案を次々に否定している。自分から出した案も「だけど」という逆接の接続詞とともに、結局は否定。「はずれ」というのは、期待通りではないという意味。「それも楽しみ」は、期待通りであってもなくても、それを知るのが楽しみという意味になる。

キーワードをキャッチ

「駅前」「タクシーでとなりの駅」「駅の反対側＝駅向こう」

練習4  Disc 1 / 18

正解：3

電気店で男の人と女の人が話しています。女の人はどんな冷蔵庫を買いますか。

M：何をお探しですか。

F：冷蔵庫です。子どもたちが独立して家族も減ったし、大きいのも邪魔かなって。それに、最近の製品、電気代も安いんでしょう？ うちのは何年も前のだから、**それもあって**…。

M：そうですか。ちょうどいま夏の感謝祭をしておりますので、お買い得だと思います。では、容量は中型ということでよろしいでしょうか。中型ですと、このあたりの**400**リットルぐらいでしょうか。

F：あら、結構大きいわね。**もっと小さくても**……。二人暮らしになったから**200**ぐらいと思ってたんだけど。

M：お買い物はいつもどのようにされていますか。毎日スーパーに行かれますか。

F：日曜日にまとめて買ってるわ。足りないものがあれば、スーパーで買い足してるけど。

M：では、その日は一気に入れるものが増えるのではないでしょうか。それでしたら、**ある程度の大きさ**がありませんと……。

F：**それもそう**ね。気がつかなかったわ。高さは、**低いほうが私は使いや**すいんだけど。

M：**150センチというのが低いサイズ**になっておりますが、**これでは**容量が……。**200**リットルぐらいになりますね。

F：そうね。たまに子どもたちも帰ってくるでしょうし、**170くらいはあってもいいわ**ね。今のは180センチもあって、上の方は使いづらくて、何が入っているかわからないこともあるの。幅は、今のが入っているから心配ないと思うけど。

M：はい。では、このあたりになりますね。ドアの開きはどういうタイプが……。

女の人はどんな冷蔵庫を買いますか。

📖 **ことばと表現**

□ **独立**（する）：(to become) independent ／独立／ độc lập

□ **容量**：capacity ／容量／ dung lượng

□ **ドアの開き**：ドアの（開け方の）タイプ。

★ **重要語をチェック！**

「それもあって」
「それもそう」
「これでは」⇒ p.48

キーワードをキャッチ

「もっと小さくても → 200」

「ある程度の大きさ → 400」

「低い方が使いやすい」

「150 cmというのが低いサイズ → 200」

「170 くらいはあってもいい」

どんな状況？	電気店で女の人が冷蔵庫を買おうとしている。男の店員が商品の説明をしている。

▼

何がテーマ？	客である女の人の要望に店員がどのような提案をして、女の人がそれから何を選ぶか。

＊要望（する）：(to) demand ／要求、願望／ yêu cầu, mong muốn

注意点と答えの選び方	電気製品の買い物は自分の欲しいものを客が選ぶだけでなく、店員の説明を聞いて多くの製品の違いを知らなければならない。店員の説明を聞いて女の人が考えを変えたかどうか、を聞き取る。「それもそうね」は自分の意見ではなく相手の意見を受け入れたときに使うことば。

PART ❶ 基礎編

PART ❷ 対策編

課題理解 / ポイント理解 / 概要理解 / 即時応答 / 統合理解

PART ❸ 模擬試験

試験に出る言葉

練習3

(1) もう一つ　何か足りなくて、満足できない様子。

① A「新しい部屋、見に行ってきたんだって？　どうだった？」
　 B「それが、**もう一つ**だったから、また来週、ほかのところに行ってみる。」
② ネットで評判の料理を試しに作ってみたけど、なんか**もう一つ**だなあ。

(2) どっか　「どこか」が短くなったもの。（親しい人との会話で使う）

① せっかくの長い休みだから、**どっか**遠くへ行きたいな。
② A「私のめがね、知らない？」
　 B「え〜と、**どっか**で見たよ、どこだったっけ。」

練習4

(1) それもあって　「それ」という理由があって。

① 弟も日本に来ることになって……。**それもあって**、今のアパートを出ようと考えているんです。
② 最近、成績が下がってきて……。**それもあって**、アルバイトをやめたほうがいいかなって。

(2) それもそう　あなたの言うことも納得できる、そのとおりだ。

① A「あれかこれかって悩んでも、しかたないよ。一度、お医者さんにみてもらったら？」
　 B「**それもそう**ね。一度行ってみる。」
② A「あなたも説明が足らなかったんじゃないの。」
　 B「**それもそう**ね。もう一度、説明しに行ってくる。」

(3) これでは／これじゃ　あとで否定的な意見を述べ、目の前にある「これ」ではだめだと述べる。

① プレゼントでしょう？　**これでは**（**これじゃ**）だめだよ。もっときれいに包まなくちゃ。
② あなたの書いた**これでは**、相手に気持ちが伝わらない。書き直して。

[3] 行ったり来たり型 going and coming ／又这样又那样型／ mẫu đi đi lại lại

POINT

会話の流れが途中で行ったり来たりします。[2]にあったような話の流れを変える逆接の接続詞だけでなく、「やっぱり」「さっき」など、話をもとに戻してしまうキーワードも出てくるので、注意しましょう。

The flow of a conversation goes back and forth. In addition to the kind of contradictory conjunctions that change the flow of a sentence like in [2], be careful of when keywords that take the conversation back like「やっぱり」and「さっき」are used. ／对话的话题中途有出入，似乎有两个话题，这种情况下不仅会出现改变话题的逆接接续词，还会出现「やっぱり」「さっき」这样的关键词，要注意。／ Diễn biến trong hội thoại sẽ thay đổi liên tục. Vì vậy, ngoài những từ chỉ liên kết ngược để thay đổi diễn biến của câu chuyện như ở bài [2], thì cần phải chú ý đến những từ khoá chỉ sự quay trở lại câu chuyện trước đấy như やっぱり (như đã nghĩ trước), さっき (vừa nãy).

EXERCISE

練習 5

Disc 1 TR 19

1 紹介状を見せる

2 質問用紙に記入する

3 保険証を渡す

4 体温と血圧を測る

Memo

練習 6

Disc 1 TR 20

1 佐藤さんにキャンセルを伝える

2 先生に論文の相談をする

3 父親と夕飯を食べる

4 自分のスーツを取りに行く

Memo

練習5  Disc 1 19　　　　　　　　　　　　　　**正解：3**

病院の受付で、男の人が看護師と話しています。男の人はこれから何をしますか。

M：あの、初めてなんですけど。

F：はい、**紹介状**はお持ちですか。

M：はい、持っています。

F：それは**診察室で、先生に**お渡しください。じゃ、待っていただいている**あいだに、こちらにご記入ください**。いつからどこがどんなふうに悪くなったのか、今どういう状態か、覚えている範囲でけっこうです。

M：わかりました。

F：**記入が終わりましたら、受付に**お渡しください。あ、**出す前に、体温と血圧**をご自身で測って、結果を記入しておいてください。こちらが体温計です。それから、血圧計はあの窓の前にあります。使い方は書いてありますので、わからなかったらお尋ねください。

M：あの……体温は、これを書きながら測ればいいですか。

F：はい。ピピッと鳴ったら、測定できています。あ、保険証が**まだ**でしたね。**先に保険証をお預かりします**。順番が来ましたら、お名前をお呼びしますので、いすにかけてお待ちください。

男の人はこれから何をしますか。

ことばと表現

□ **看護師**：nurse ／护士／ y tá

□ **範囲**：extent ／范围／ phạm vi

□ **記入**（する）：entry ／记录／ điền vào, ghi vào

□ **血圧**：blood pressure ／血压／ huyết áp

★ **重要語をチェック！**

「あいだに」「前に」「さきに」「まだ」

⇒ p.52

どんな状況？	病院の受付。男の人は初めてここの医者にかかる。女の人は受付の人で、男の人にいろいろな指示を出している。
何がテーマ？	男の人がしなければならないことは多いが、何をどの順番でするか。
注意点と答えの選び方	逆接の接続詞は出てこない。大体は女の人の指示通りの順番でよいが、「先に」が、ほかよりも前にすることを表す。

キーワードをキャッチ

「（紹介状→）診察室で先生に」「こちらにご記入ください」「記入が終わりましたら受付に」
「出す前に体温と血圧」「先に保険証をお預かりします」

練習6　Disc 1 20

正解：4

電話で、母親と息子が話しています。息子は今日、学校の帰りにまず何をしますか。

F：もしもし、ごめん、急に電話して。

M：なに？

F：今日、お母さん、仕事の都合で帰るのが遅くなりそうなんだけど、一つお願いしていい？

M：うん。

F：実は今日、<u>おとなりの佐藤さんに</u>ケーキの作り方を教えるって約束してたんだけど、だめになったことを<u>伝えて</u>おいてくれない？

M：え〜、電話すればいいのに。僕が伝えるの？

F：<u>それが</u>、携帯はつながらないし、家にも電話したんだけど、だれも出ないのよ。だから、悪いけど、お願い。

M：うーん……あ、やっぱりだめだ。きょう、先生と約束してた論文のことで相談しなくちゃならないんだ。帰るの9時過ぎちゃうよ。

F：9時なら大丈夫。お菓子作りは食後にってことで、9時半ごろを予定してたから。

M：わかった。じゃ、お母さん、それより遅くなるってことだね。

F：うん、終電近くになると思う。ちょっと、トラブルがあってね。お父さんには何か適当に食べってメールした。

M：あ、それはそうと、明日面接に着ていくスーツ、クリーニング、出してくれた？

F：あ、ごめん。出したけど、まだ取りに行ってない。クリーニング屋さんに連絡しとくから、<u>帰りに取ってきて。駅前のいつもの店</u>。

M：先に言ってよ。そっちの方が大事なんだから、ぼく<u>にとっては</u>。じゃ。<u>佐藤さんには帰ったらすぐに言っとく</u>。

F：ありがとう。助かる。なるべく早く帰るね。

息子は今日、学校の帰りにまず何をしますか。

ことばと表現

□ **仕事の都合で**：仕事の関係で。仕事の必要から。

□ **終電**：最後の電車。

★ **重要語をチェック！**

「まず」「それが」
「〜にとっては」
「〜とく」⇒ p.52

| どんな状況？ | 仕事で帰りが遅くなりそうになった母親が息子に伝言を頼んでいる。 |

| 何がテーマ？ | 息子は学校の帰りに何をするか。最初にすることは何か。 |

| 注意点と答えの選び方 | ・息子は帰る時間が遅くなるので「だめだ」と思うが、母は「大丈夫」と言う。
・息子が母に頼んでおいたクリーニングは、どうなったか。誰が取りに行くか。
・となりの佐藤さんへの伝言と、クリーニング店に行くことはどちらが先か。「となり」「駅前」「帰ったらすぐに」をヒントにする。 |

キーワードをキャッチ

「おとなりの佐藤さんに……伝えておいて」「帰りに取ってきて。駅前のいつもの店」
「佐藤さんには帰ったらすぐに言っとく」

PART ❶ 基礎編
PART ❷ 対策編
課題理解
ポイント理解
概要理解
即時応答
統合理解
PART ❸ 模擬試験
試験に出る言葉

51

練習 5
れんしゅう

(1) あいだに　ある期間や時間の中で（何かが起こる、何かをする）
きかん　じかん　なか　なに　お　なに

① 部長が休んでいる**あいだに**課の雰囲気が変わってしまった。　＊課：department ／科／ khoa, phòng
ぶちょう　やす　か　ふんいき　か　か

② 肉を焼いている**あいだに**、ソースを作りましょう。
にく　や　つく

(2) 前に　それをするより早く
まえ　はや

① 子どもが生まれる**前に**、必要なものを買っておかなくてはならない。
こ　う　まえ　ひつよう　か

② 会議室は、使う**前に**事務所に許可をもらってください。
かいぎしつ　つか　まえ　じむしょ　きょか

(3) 先に　ほかより前に
さき　まえ

① 作業が終わった人は、**先に**帰っていいそうです。
さぎょう　お　ひと　さき　かえ

② そのことですが、**先に**田中さんに相談してから部長に言ったほうがいいです。
さき　たなか　そうだん　ぶちょう　い

(4) まだ　何かをまだしていないか、している途中。
なに　とちゅう

① A「報告書、書けた？」B「**まだ**、半分くらいかな。この週末、がんばらきゃ。」
ほうこくしょ　か　はんぶん　しゅうまつ

② A「お父さんに、結婚の話、したの？」B「**まだ**だよ。なかなかタイミングが合わなくてさ。」
とう　けっこん　はなし　あ

練習 6
れんしゅう

(1) まず　第一番に、最初に
だいいちばん　さいしょ

① **まず**、肉をたたいてやわらかくします
にく

② 家に帰ったら、**まず**、窓を開けて空気を入れ換えます。
いえ　かえ　まど　あ　くうき　い　か

(2) それが　相手の理解と異なる事情があることを述べるときに使う表現。
あいて　りかい　こと　じじょう　の　つか　ひょうげん

① A「今度のパーティー、あなたももちろん参加だよね。」B「**それが**……母の具合が悪くて……。」
こんど　さんか　はは　ぐあい　わる

② A「あの二人は結婚して、幸せに暮らしているのね。」
ふたり　けっこん　しあわ　く

　B「**それが**、いろいろ大変らしいよ。家に病気のおじいちゃんがいたり……。」
たいへん　いえ　びょうき

(3) ～にとっては　その人にしてみれば、その人の立場からは。
ひと　ひと　たちば

①ほかの人には小さなことでも、**彼にとっては**大問題だった。
ひと　ちい　かれ　だいもんだい

②先生はお寺について詳しく説明したが、子どもたち**にとっては**退屈な話だった。
せんせい　てら　くわ　せつめい　こ　たいくつ　はなし

(4) ～とく　「～ておく」の略。親しい人との会話で使う。
りゃく　した　ひと　かいわ　つか

① お弁当、テーブルの上に置い**とく**からね、忘れずに持って行くんだよ。
べんとう　うえ　お　わす　も　い

② A「今度の定期テスト、範囲が広くて大変だね。」
こんど　ていき　はんい　ひろ　たいへん

　B「そうなると思ってたよ。だから、少しずつ復習し**といた**んだ。」
おも　すこ　ふくしゅう

UNIT 2　会話の中の情報やことばに注意するパターン

Patterns where the answer is not in the conversation ／対话中无答案模式／ mẫu không có được câu trả lời trong hội thoại

1 消去型
（しょうきょがた）

POINT

会話の中の情報やことばに注目し、質問文に合わない選択肢を消していきます。最後に残ったものが答えです。

Focus on the information and words used in the conversation and eliminate choices that do not match the question. The remaining choice is the answer. ／注意对话中的信息及词语，删除与问题不相关的选项，剩下最后的就是答案。／ Cần chú ý đến những thông tin hay từ ngữ có trong hội thoại để loại bỏ những lựa chọn không phù hợp với câu hỏi. Lựa chọn cuối cùng còn lại sẽ là câu trả lời đúng.

EXERCISE

練習7
（れんしゅう）

Disc 1
TR 21

1　会計
　（かいけい）

2　料理
　（りょうり）

3　飲み物
　（のみもの）

4　掃除
　（そうじ）

Memo

練習8
（れんしゅう）

Disc 1
TR 22

1　電気屋で、LED の電球を買う
　（でんきや）（でんきゅう）（か）

2　電気屋で、ふつうの電球を買う
　（でんきや）（でんきゅう）（か）

3　家で、電球を新しいものに取りかえる
　（いえ）（でんきゅう）（あたら）（と）

4　家で、電球が使われているか調べる
　（いえ）（でんきゅう）（つか）（しら）

Memo

PART ① 基礎編
PART ② 対策編
課題理解
ポイント理解　概要理解　即時応答　統合理解
PART ③ 模擬試験
試験に出る言葉

問題スクリプトと解答の流れ

練習7　Disc 1 / 21　　　　　正解：3

男の人が、同じマンションに住む女の人と話しています。男の人は、祭りの日に何を担当しますか。

M：すみません。ぼく、今度の桜祭りの当番になったんですけど、なにをしたらいいんでしょうか。はじめてなんで、何もわからないんですよ。

F：ああ、そう。いろいろ役割はあるけど、**チケットを売るのは**お金を扱うので**大変**よね。焼きそば作ったりソーセージ焼いたりするのはどう？　みんなで**わいわい**、楽しそうだよ、毎年。

M：ああ、ぼくは**料理は**ちょっと**苦手**で…。

F：そう……。じゃあ、お茶とお菓子っていうのもあるけど、それはいつも婦人会の人がしているから、あとは、**ビールやジュースの担当**は？　チケット持ってきた人に渡すだけだから。

M：あ、**それがいい**と思います。

F：あと、**男の人はみんな**、2時間くらい前に集まって、テント立てたり、**会場づくり**をしてもらってる。女の人は、作るものの下準備をするの。大丈夫？

M：力仕事は自信があります。

F：よかった。じゃあ、天気がいいことを祈ってるね。雨だと、ここの集会室でするんだけど。桜祭りは桜見ながらじゃないとね。

M：はい、いろいろありがとうございました。ぼくも楽しみです。

男の人は、祭りの日に何を担当しますか。

どんな状況？	初めて地域の祭りに参加して働くことになった、男の人が祭りの日に担当するのは何か。
何がテーマ？	祭りではいろいろな仕事を分けてする。みんなでする仕事もあるが、男の人が担当する仕事もある。それは何か。
注意点と答えの選び方	音声を聞きながら、男の人がしないことを消していく。また、分担ではない、全員でする仕事もある。

キーワードをキャッチ

「チケットを売るのは……大変」「料理は……苦手」「ビールやジュースの担当」「それがいい」
「男の人はみんな……会場づくり」

練習8　Disc 1 22　　　　　正解：4

男の人と女の人2人が話しています。男の人はこれから何をしますか。

F1：家の**電球、LED に換えた？**

F2：最近、換えたよ、全部。

M：**ぼくは何もしてない**。あのさ、LED って、電気代が安くなる**っていうけど**、ホントなの？

F1　それはそうらしいよ。6分の1くらいになるって。

M：でも、電球って、そんなに使ってないでしょ？　家の中で。

F1：使ってるよ。家の電気代の2割近くは照明だって言うし。

M：そうなんだ。でも、電球って、昔からある丸い**やつ**だよねえ。

F1：うん。

F2：そういう昔からあるふつうの電球は「白熱球」って言うんだよ。

M：へえ。でも、ないなあ。みんな、蛍光灯じゃないかなあ、うちのは。

F2：でも、よく、**トイレとかお風呂とか、廊下の天井**とかに使われてるよ。白いカバーの中に入ってる場合も多いし。**結構**使われてるんだよ。

M：ああ、そういうところね。**じゃ、さっそく見てみる**よ。

男の人はこれから何をしますか。

📖 ことばと表現

- □ **電球**：lightbulb ／灯泡／ bóng đèn
- □ **LED**：LED (light-emitting diode) ／LED灯／đèn LED (điốt phát quang)
- □ **照明**：lighting ／照明／ chiếu sáng
- □ **蛍光灯**：flashlight ／荧光灯／ đèn huỳnh quang
- □ **天井**：ceiling ／天棚／ trần
- □ **カバー**：cover ／套子、罩子／ vỏ đèn

⭐ **重要語をチェック！**

「〜っていうけど」「やつ」「結構」
⇒ p.56

どんな状況？	男の人が、LED 電球について女の人2人から教えてもらっている。 男の人は、LED 電球がどんなものか、よくわからない。

▼

何がテーマ？	男の人は家に帰って何をするか。男の人の家で LED 電球は使われているか。

▼

注意点と答えの選び方	・男の人は LED 電球のことをあまり知らない。 ・自分の家では使っていないと思っていたが、女の人の話を聞いて「さっそく見てみるよ」となった。どこで何を見るのか。

キーワードをキャッチ

「電球、LED に換えた？」「ぼくは何もしてない」「みんな、蛍光灯じゃないかなあ」
「トイレとかお風呂とか、廊下の天井」「じゃ、さっそく見てみる」

練習7
れんしゅう

わいわい

① 司会がしっかりしないと、みんな、勝手にわいわい言うだけで、会議が進まない。
　　しかい　　　　　　　　　　　　　　　　かって　　　　　　　　い　　　　　　かいぎ　すす
② はじめは緊張していたが、お酒が入ると、わいわいにぎやかなおしゃべりが始まった。
　　　　　　　きんちょう　　　　　　さけ　はい　　　　　　　　　　　　　　　　　　　　はじ
　＊緊張（する）：(to be) nervous ／緊張／ hồi hộp
　　きんちょう

練習8
れんしゅう

(1) ～っていうけど、…… ～だと聞くが、……。～だそうだが、……。
　　　　　　　　　　　　　　　　き

① A「沖縄では５月から泳げるっていうけど、本当？」
　　　おきなわ　　　がつ　　およ　　　　　　　　　ほんとう
　　B「うん、そうだよ。」
② 都会の人は冷たいっていうけど、私はいろいろな人に親切にしてもらった。
　　とかい　ひと　つめ　　　　　　　　　わたし　　　　　　　ひと　しんせつ

(2) やつ　もの。

① このデータは古い。もっと新しいやつじゃないと、役に立たない。
　　　　　　　　ふる　　　　　あたら　　　　　　　　　　やく　た
② A「どう？　このワンピース。」
　　B「う～ん、悪くないけど、この前着てたやつのほうが似合ってるんじゃない？」
　　　　　　わる　　　　　　　　まえき　　　　　　　　　にあ

(3) 結構　なかなか。思ったよりももっと。
　　　　けっこう　　　　　　おも

① 彼は口は悪いが、話してみると結構優しい人だった。
　　かれ　くち　わる　　　はな　　　　　けっこうやさ　ひと
② 今住んでいるところは、駅から近いし、周りに店も多くて、結構気に入っている。
　　います　　　　　　　　えき　　ちか　　　まわ　みせ　おお　　けっこうき　い

2 予測型
よそくがた

♪ POINT

質問文で問われている人の心の動きや考えを追って、これから
の行動を予測します。行動が予測できる副詞などに気をつけます。

Follow the changes in the emotions or thoughts of the person being asked about in the question and predict their next move. Be careful to notice adverbs and other words that can predict their actions. ／抓住提问中人们的心理活动及想法，预测其今后的行动，注意预测其行动的副词等。／ Suy đoán về hành động tiếp theo dựa trên việc theo dõi tâm trạng hay suy nghĩ của các nhân vật được nhắc đến trong câu hỏi. Hãy chú ý đến các từ giúp suy đoán hành động tiếp theo như các phó từ.

EXERCISE

練習 9
れんしゅう

Disc 1
TR 23

1 和室のタイプ
わしつ

2 洋室のタイプ
ようしつ

3 料理ができるタイプ
りょうり

4 バリアフリーのタイプ

Memo

練習9  Disc 1 23

正解：2

電話で女の人とホテルの人が話しています。女の人は、どの部屋のタイプを予約しますか。

M：はい、ふじホテルでございます。

F：9月の連休にそちらに泊まりたいのですが……。秋分の日をはさんだ土日月の2泊です。

M：かしこまりました。お部屋はどのようなタイプがよろしいでしょうか。

F：あの、<u>バリアフリーの部屋</u>があるってホームページで見たんですけど……。

M：はい。ございますが、**あいにく**、ご希望のお日にちは**ふさがっております**……。

F：そうですか……。

M：**滞在型のお部屋**なら、ご用意できますが。キッチンが付いていて料理もできます。中も広くて、4名様までお泊まりになれます。おふろもバリアフリーです。お客様は何名様のご利用ですか。

F：母と私の2人です。あのう、料金はいくらですか。人数は関係ありますか。

M：いえ。お部屋代ということで、1泊3万円になります。

F：そうですか……。いいんですが、2人で**3万円はなかなか**……。**普通の部屋で結構です**。で、**和室より洋室**がいいんですが、お風呂はどんな感じですか。

M：普通のお風呂ですが、バリアフリーではないので、少しせまく感じるかもしれません。でも、大浴場もご利用になれますよ。ながめもいいですし、そちらはバリアフリーになっておりまして、専用の車いすもご用意できます。

F：それなら問題ないですね。じゃあ、さっきの日にちで2人、お願いします。

女の人は、どの部屋のタイプを予約しますか。

📖 ことばと 表現

□ 連休：休みの日が続くこと、また、その休み。

□ タイプ：type ／模式／ kiểu, loại

□ バリアフリー：accessibility ／无障碍／ không rào cản (thiết kế thân thiện với người khuyết tật)

□ ふさがる：to be taken ／堵塞／ đã được dùng

□ 滞在(する)：(to) stay ／逗留／ ở lại

□ キッチン：kitchen ／厨房／ nhà bếp

□ 大浴場：大勢が利用する大きな風呂。
  ▶ □浴室：ふろば（＝ふろのある部屋）

□ 車いす：wheelchair ／轮椅／ xe lăn

★ 重要語をチェック！
「あいにく」「なかなか」
⇒ p.60

どんな状況？	女の人がどのタイプの部屋を予約するか。

↓

何がテーマ？	車椅子でも利用できる部屋はどれか。また、日程に合う部屋はどれか。

↓

注意点と答えの選び方	「バリアフリー」とは、体に不自由がある人でも問題なく利用できるように設計されていること。どのような利用方法があるか。また、「あいにく」→「だめだ」、「なかなか」→「難しい」など、副詞の表す内容を推察できることも必要。

キーワードをキャッチ

「バリアフリーの部屋」「ふさがっておりまして」「滞在型のお部屋」「3万円はなかなか」「普通の部屋で結構です。」「和室より洋室がいい」

PART ❶ 基礎編

PART ❷ 対策編

課題理解

ポイント理解

概要理解

即時応答

統合理解

PART ❸ 模擬試験

試験に出る言葉

練習9

あいにく

① きょうは恋人のご両親に挨拶に行く日だけど、**あいにく**の天気だ。
② **あいにく**、今日はすべて売り切れてしまいました。

なかなか

① 食事にも気を遣っているけど、体重が**なかなか**元に戻らない。
② あの先生は頭が固いから、説明しても**なかなか**わかってくれない。

③ 言い換え型
(い か がた)

♪ POINT

　それぞれの選択肢は、そのまま会話の中に出てくるのではなく、別の言葉や表現になっている場合が多いです。練習をしながら、どのように言い換えられているか、確認しましょう。対策として、語彙力を高めることも大切です。

Rather than each choice appearing as it is presented in the conversation, other words and expressions are often used for them. Check how they are said in other ways as you practice. It is important to improve your vocabulary as one way to prepare for this. ／每个选项不都是原封不动地出现在对话中，多用别的词语及表现来表示。一边学习，一边确认是怎么转换的。其对策的关键是增加词汇量。／ Các lựa chọn trả lời thường không lấy nguyên câu từ trong hội thoại, mà phần lớn đều sử dụng từ hay cách diễn đạt khác. Trong lúc luyện tập cũng cần kiểm tra xem cách diễn đạt đã được thay đổi như thế nào. Để có thể có được đối sách tốt nhất thì việc nâng cao khả năng từ vựng cũng là quan trọng.

EXERCISE ✎

練習 10
(れんしゅう)

Disc 1 TR 24

1　客席の電球を換える
(きゃくせき)(でんきゅう)(か)

2　ドアの前を空ける
(まえ)(あ)

3　自転車をきちんと並べる
(じてんしゃ)(なら)

4　料理する場所をきれいにする
(りょうり)(ばしょ)

Memo

練習 11
(れんしゅう)

Disc 1 TR 25

1　病院に見舞いに行く
(びょういん)(みま)(い)

2　林さんに発表の代わりを頼む
(はやし)(はっぴょう)(か)(たの)

3　ロッカーにある資料を配る
(しりょう)(くば)

4　誰かに身の回りのものを届けさせる
(だれ)(みまわ)(とど)

Memo

問題スクリプトと解答の流れ

練習 10　Disc 1　24

正解：1

店で、アルバイトの女の学生と店長が話しています。女の学生はこの
あと何をしますか。

F：おはようございます。

M：おはよう。あ、**そうそう**、3番テーブルの明かり、暗くなってたよ。

F：はい、わかりました。**すぐ、交換します**。

M：それと、今日、消防検査があるんだけど、田中さんは初めて？

F：はい、初めてです。

M：火事になりやすくないかとか、なったとき、すぐに安全に逃げられ
　　るかっていうのをチェックしに来てくれるんだ。結構厳しいからね。

F：はい。何か準備したほうがいいですか。

M：**特別なことはしなくていい**けど、ドアの前に邪魔な荷物がないかと
　　か……。いつも置いてないからいいけど、**うっかり**ね……。

F：はい、あとでもう一度、確認しておきます

M：それと、お客様が自転車を止めるとき、ちゃんと止めていないと、
　　逃げるときに道をふさぐこともあるから、**今日は特にチェックして**
　　くれる？

F：わかりました。

M：あと、いつも言っているけど、キッチンは物が整理されているか、
　　だね。火や油を使う所だからね。**いつも通りでいいけど**、ルール通
　　りにね。

F：はい。

女の学生はこのあと何をしますか。

ことばと 表現

□ **交換**（する）：(to) exchange
　／交換／ đổi, trao đổi

□ **消防**：火事のときに火
　を消し人を助け出すこ
　と、火事を防ぐために活
　動すること。また、海・
　川での事故や地震につい
　ての同じような活動。

□ **うっかり**：carelessly ／
　疏忽／ vô ý, lỡ

□ **ちゃんと**：properly ／好
　好／ kỹ càng, cẩn thận

□ **ふさぐ**：cover ／堵住／
　bít, chặn

□ **ルール**：rules ／规则／
　quy tắc

★ **重要語をチェック！**

「そうそう」「うっかり」
⇒ p.64

どんな状況？　今日の仕事について、開店前に店長が指示をしている場面

▼

何がテーマ？　たくさんの注意や指示の中から、アルバイトの学生がすぐすること。

▼

注意点と答えの選び方　会話で使われている言葉と選択肢の言葉が一致しないときは、言い換えている場合が多いので、意味や内容が一番近いものを選ぶ。「明かり」「暗くなってた」「すぐ換えます」が「電球の交換」を意味していることに気づけばよい。消防検査への対応は店が開いてからのこと。

キーワードをキャッチ　「すぐ交換します」「特別なことはしなくてもいい」「今日は特にチェックして」
「いつも通りでいいけど」

練習 11

Disc 1 R 25

正解：2

電話で男の人が女の人と話しています。女の人はこれからどうしますか。

M：すみません、リンですが。

F：はい、どうしたんですか。

M：実は今、病院なんです。昨日の夜、自転車に乗っていた時に転んでしまって。それで、すぐ入院することになったんです。

F：え〜、それは、大変！　大丈夫？

M：はい。それで、**今日の商品説明会**なんですが、配る**資料は**準備してあります。封筒に入れて、**箱ごと課のロッカーに入れてあります**。

F：ロッカーね。わかった。

M：で、**発表**なんですが、私のパソコンに原稿が入っているので、**林さんにお願い**できないかと思いまして。一緒に資料作って原稿も二人で書き上げたので、大丈夫だと思うんです。林さんには機械の操作を頼んでいたのですが。

F：わかった。で、そっちはどうなの？　何日ぐらい入院になりそう？

M：1週間は入院し**なくちゃならない**みたいなんです。

F：そう。でも突然で、**入院の準備**とか、できてないよね。身の回りの物とか。

M：**それはなんとか大丈夫**です。すみません、いろいろご心配とご迷惑をかけてしまって。

F：いい、いい。こっちのことは心配しないで。お見舞いに本でも持って行ってあげるから。**とにかく**、ちゃんと元気になって帰ってきて。

M：ありがとうございます。

女の人はこれからどうしますか。

📖 **ことばと表現**

□ **転ぶ**：fall over ／摔倒／ngã

□ **〜ごと**：（分けたりしないで）そのまま全部。

□ **ロッカー**：locker ／衣櫥／tủ sắt

□ **原稿**：manuscript ／原稿／bài viết

□ **操作**（する）：to operate／操作／thao tác, điều khiển

□ **そっち**：ここでは「あなた、あなたの状況」の意味。

□ **身の回りの物**：いつも着たり、持ち歩いたり、そばに置いたりしている物。

⭐ **重要語をチェック！**

「ごと」

「なくちゃならない」

「とにかく」⇒ p.64

どんな状況？	男の人は突然の事故で商品説明会に出られなくなった。その連絡を受けた上司がこれから何をするか。
▼	
何がテーマ？	急な事態への対応。
▼	
注意点と答えの選び方	商品説明会の発表についての対応と、突然入院した部下への対応の二つが話されている。仕事としてまず上司がしなければならないことは、商品説明会の準備。

キーワードをキャッチ
「今日の説明会」「資料は……ロッカーに入れてあります」「発表……林さんにお願い」
「入院の準備」「それは何とか大丈夫」

PART ❶ 基礎編

PART ❷ 対策編

課題理解　ポイント理解　概要理解　即時応答　統合理解

PART ❸ 模擬試験

試験に出る言葉

練習 10
れんしゅう

(1) そうそう

① そうそう、こないだ、お隣にいただいたお菓子があったね。

    *お隣：隣の家・部屋に住む人

② そうそう、田中さん、書道やってたよね。ここ、ちょっと筆で書いてくれない？

    *書道：calligraphy ／毛笔字／ thư pháp

(2) うっかり

① 電車の中にうっかり紙袋を置き忘れちゃって、大変だったんだ。

② 誰にも言わないようにって言われていたのに、うっかりしゃべってしまった。

練習 11
れんしゅう

(1) ごと

① 林さんたら、大きな口を開けて、みかん、丸ごと食べちゃうのよ。びっくりした。

② 彼女、空港でぼーっとしていて、スーツケースごと荷物を盗まれたんだって。

(2) なくちゃならない

① 美術館では静かにしなくちゃならないのに、あの二人、ずっとしゃべってるね。

② つまらないスピーチをずっと聞いてなくちゃならなくて、疲れたよ。

(3) とにかく

① このお話は、一度お断りしています。とにかく、受けられませんので、ご了承ください。

② 彼の話がとにかくおもしろくて、みんなでずっと笑って聞いていました。

4 指示語型
しじごがた

♪ POINT

「これ」「それ」「あれ」「どれ」などの指示語がカギになります。
指示語が何を指しているのか、会話文に特有の指示語の使い方にも
注意しましょう。

Demonstratives such as 「これ」「それ」「あれ」「どれ」 act as keys. Also be careful of
what demonstratives are referring to, as well as the way that demonstratives particular to
conversations are used. ／「これ」「それ」「あれ」「どれ」等指示词是关键。指示词指什么，注意
对话句中特有指示词的用法。／ "Các từ chỉ định như これ (cái này), それ (cái đó), あれ (cái kia),
どれ (cái nào) sẽ là các từ khoá quan trọng. Các từ chỉ định này đang mô tả gì, việc chú ý
đến cách sử dụng đặc biệt của từ chỉ định trong câu hội thoại cũng là cần thiết."

EXERCISE

練習 12
れんしゅう

Disc 1
TR
26

1　晩ごはんを作る
　　ばん　　　　つく

2　洗濯物を家の中に入れる
　　せんたくもの　いえ　なか　い

3　ネコにえさをやる

4　歯医者に行く
　　は　い　しゃ　い

Memo

練習 13
れんしゅう

Disc 1
TR
27

1　駅に行く
　　えき　い

2　図書館に行く
　　と　しょかん　い

3　コンビニに行く
　　　　　　　い

4　学生課に行く
　　がくせいか　い

Memo

PART ❶ 基礎編

PART ❷ 対策編

課題理解

ポイント理解　概要理解　即時応答　統合理解

PART ❸ 模擬試験

試験に出る言葉

練習 12　Disc 1　26　　　　　　　　　　　　正解：2

電話で、男の留学生とホームステイ先のお母さんが話しています。男の留学生は、家に帰ったあと、まず、何をしなければなりませんか。

F：あ、ジャンさん、もう家に帰った？

M：いえ、まだ学校です。

F：あ、そう。実は急な予定が入ってね、時間通りに帰れないのよ。だから、悪いんだけど、**晩ご飯、たかしと一緒に作って、食べてくれない？たかしは6時ごろに帰る**って言ってた。

M：いいですけど、ぼく、料理は**あんまり**……。

F：大丈夫。冷蔵庫にギョーザを作って入れておいたから。焼くか、ゆでるかして、食べて。あとは適当に二人で相談してやって。それと、ジャンさん、もう少し早く帰れるよね？

M：はい。4時ぐらいには。

F：ごめん、**洗濯物、中に入れて**おいてほしいんだ。**夜に雨が降りそう**だから。

M：わかりました。帰ったら、すぐにします。

F：**助かる**。それと**タマの「ごはん」もお願い**。台所にネコの写真のある缶詰があるから、それを1個分。

M：はい。

F：それはそうと、歯医者さんには行った？

M：いえ、まだです。

F：この前教えてあげた駅ビルの**歯医者さん、5時までだから、寄れる**んじゃない？早く行ったほうがいいよ。

M：そうですね。**電話してみます**。

F：うん、そうして。じゃあ、今日はほんと、ごめんね。二人で頑張って。

M：わかりました。頑張ります。

ジャンさんは家に帰ったら何をしなければなりませんか。

どんな状況？　留学生のジャンさんが、ホームステイ先のお母さんに、家に帰ってからすることを指示されている。

何がテーマ？　指示されたことを、どういう順番でするか。＊指示（する）：(to) indicate ／指示／ chỉ thị

注意点と答えの選び方　家に帰ってから最初にすることは何か。⇒お母さんが話した順番ではないことに注意。「それと」は追加、「それはそうと」は話題転換、「それはそう」は同意を表す。
＊転換（する）：(to) convert ／转换／ chuyển đổi

キーワードをキャッチ　「晩ご飯、たかしと一緒に作って」「たかしは6時ごろ帰る」「洗濯物、中に入れて」「夜に雨が降りそう」「タマ（ねこ）のごはんもお願い」「歯医者さん、5時までだから寄れる」「電話してみる」

ことばと表現

□ **ギョーザ**：pan-fried dumplings ／饺子／ sủi cảo

□ **ゆでる**：boil ／煮／ luộc

□ **適当に**：appropriately; haphazardly ／适当的／ với mức độ thích hợp, vừa phải

□ **助かる**：save ／帮大忙／ được giúp đỡ

□ **えさ**：feed; fodder ／诱饵／ mồi, thức ăn (cho động vật)

★ 重要語をチェック！
「あんまり」「助かる」
⇒ p.68

練習 13　Disc 1 27　　　　正解：4

女の学生と男の学生が話しています。女の学生はこれからどうしますか。

M：もうすぐ夏休みだね。メイさんは国に帰るの？

F：ううん、**せっかく**の機会だから日本を旅行しようと思ってる。東北地方を回るとかしたいな。きれいなところとか、お祭りとかを見ながら。

M：へえ、いいんじゃない？　いろいろ初めてのものが見られておもしろいと思うよ。

F：うん。交通費が大変そうだけど。

M：結構かかるだろうね。でも、学割は使うんでしょ？

F：ガクワリ？　何、それ？　知らない。

M：知らなかったんだ、学生割引。ＪＲだと２割引になるよ。片道100キロ以上って条件があるけど。

F：へえ。それって、ＪＲの駅で学生証を見せればいいの？

M：いや、**大学で証明書を発行してもらう必要がある**。

F：証明書？

M：うん、**学生課でね**。

F：学生課？

M：うん。それもあって休み前は学生課が込むそうだよ。まあ、証明書は自動発行機でも発行できるけど。

F：そうなんだ。じゃ、**コンビニでもできるのかなあ**。前に成績証明書をコンビニで発行したことはあるから。

M：どうかなあ。**その辺は学生課に聞いてみたら**？

F：わかった。あとで**図書館に行くから、その前に寄ってみる**。

女の学生はこれからどうしますか。

どんな状況？　学生同士が話をしている。女の学生はどうするか。

何がテーマ？　安く旅行できる学生割引（学割）証明書をどこで発行してもらえるか、聞き取る。

注意点と答えの選び方　証明書を発行しているのは３カ所。そのうち、学割の証明書の発行ができるのは２カ所。今、女の学生は何をしに行こうとしているか。男の学生の言葉「その辺」とは何を意味しているか。

キーワードをキャッチ
「大学で証明書を発行してもらう必要がある」「学生課でね」「コンビニでもできるのかなあ」
「その辺は学生課に聞いてみたら」「図書館に行くから、その前に寄ってみる」

ことばと表現

□ **東北地方**：A region of Japan located in the north-east area of Honshu spanning six prefectures. ／是日本的一个地区之一，指位于本州东北部的六个县。／ Một trong các vùng của Nhật Bản. Vùng này nằm ở phía Đông Bắc của đảo Honsyu và bao gồm sáu tỉnh.

□ **ＪＲ**：A rail company that was originally nationalized but has since been privatized. ／原是国有企业，现转为民营企业的一家铁路公司。／ Một công ty đường sắt của Nhật Bản. Công ty này

□ **学生課**：A section that deals with everything having to do with students' schoolwork and lives. ／是管理学生的学业及生活的科。／ Phòng hỗ trợ sinh viên về đời sống, học tập v.v..

□ **発行**(する)：(to) publish ／发行／ phát hành

★ **重要語をチェック！**
「せっかく」「その辺」
⇒ p.68

PART ❶ 基礎編
PART ❷ 対策編
課題理解
ポイント理解　概要理解　即時応答　統合理解
PART ❸ 模擬試験
試験に出る言葉

練習 12
れんしゅう

(1) あんまり　そんなに、それほど　※「あまり」の会話的な言い方。
かいわてき　い　かた

① 飲み会に誘われたけど、お酒が飲めないから、**あんまり**行きたくない。
の　かい　さそ　　　　　さけ　の　　　　　　　　　い
② この番組も**あんまり**おもしろくないね。ニュースでいいよ。

(2) 助かる
たす

① A「あ、雨が降ってきた。傘、ある？　なかったら貸すよ。」
　　　　あめ　ふ　　　　かさ　　　　　　　　　か
　 B「ほんと？　**助かる**。」
　　　　　　　　たす
② 先日は車で送っていただいて、**助かりました**。おかげで電車に遅れずにすみました。
せんじつ　くるま　おく　　　　　　　　たす　　　　　　　　　　でんしゃ　おく
　　＊おかげで：thanks to ／托您的福／ nhờ vào, nhờ có　　＊済む：物事が終わる、問題なく行われる
　　　　　　　　　　　　　　　　　　　　　　　　　　　　　す　　ものごと　お　　もんだい　おこな

練習 13
れんしゅう

(1) せっかく

① **せっかく**来ていただいたのに、申し訳ありません。主人は外出中で、留守にしております。
　　　　　き　　　　　　　　もう　わけ　　　　　しゅじん　がいしゅつちゅう　るす
② すもうの切符をもらった。日本文化に触れる**せっかく**のチャンスだから、見に行った。
　　　　きっぷ　　　　　　　にほんぶんか　ふ　　　　　　　　　　　　　み　い
　　＊触れる：touch ／接触／ sờ, khám phá
　　　ふ

(2) その辺
へん

① A「ところで、プレゼン当日の具体的な役割分担はどうなりますか。」
　　　　　　　　　　とうじつ　ぐたいてき　やくわりぶんたん
　 B「**その辺**については、もう一度みんなで確認する必要がありますね。」
　　　　へん　　　　　　　　　いちど　　　　かくにん　ひつよう
② A「日本の高校受験のことでお聞きしたいんですが。」
　　　にほん　こうこうじゅけん　　　　き
　 B「**その辺**のことは、ぼくよりも鈴木さんが詳しいから、彼女に聞いてみたらいいよ。」
　　　　へん　　　　　　　　　　　すずき　　　くわ　　　　かのじょ　き

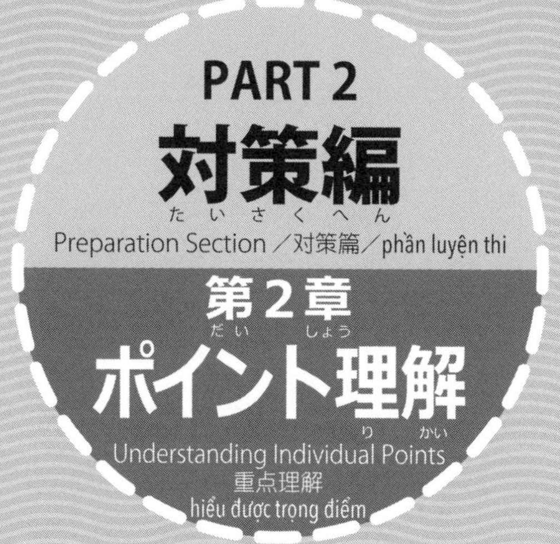

PART 2

対策編
たいさくへん
Preparation Section ／対策篇／phần luyện thi

第2章
だいしょう

ポイント理解
Understanding Individual Points
重点理解
hiểu được trọng điểm

UNIT 1　５Ｗ１Ｈを聞き取るパターン
き と

Patterns that require listening to 5W1H ／听取５Ｗ１Ｈ模式／ mẫu hiểu được 5W1H

1-a ダイアローグ（会話形式）Dialogues (conversations) ／会话形式／ đối thoại (hình thức hội thoại)
かい わ けいしき

1-b モノローグ（スピーチ形式）Monologues (speeches) ／独白形式／ độc thoại (hình thức hùng biện)
けいしき

UNIT 2　条件を聞き取るパターン
じょうけん き と

Patterns where conditions are listened for ／听取条件模式／ mẫu hiểu được điều kiện

1-a ダイアローグ（会話形式）Dialogues (conversations) ／会话形式／ đối thoại (hình thức hội thoại)
かい わ けいしき

1-b モノローグ（スピーチ形式）Monologues (speeches) ／独白形式／ độc thoại (hình thức hùng biện)
けいしき

「ポイント理解」では、まず、状況説明と質問を聞いてから、ポイントに絞って話を聞きます。ポイントになるのは「疑問詞を使った質問」、つまり「５Ｗ１Ｈ」（いつ・どこで・だれが・なにを・なぜ・どのように）です。それに加えて、「最も～・一番～」「～場合・～について」「今・来月」などの条件が付くこともあります。答えは、４つの選択肢の中から１つ選びます。

＊ポイントをしぼる：Narrowing down points ／抓住要点／ nắm trọng điểm

＊条件：condition ／条件／ điều kiện　＊選択肢：choice ／选项／ lựa chọn　＊出題：問題を出すこと。

出題の基本パターン

問題用紙を開くと、問題の説明文と４つの選択肢があり、問題の説明が音声でも流れます。

文字情報

※この部分は文字と音声の両方です。

問題2

　この問題では、まず質問を聞いてください。そのあと、問題用紙のせんたくしを読んでください。読む時間があります。それから話を聞いて、問題用紙の１から４の中から、最もよいものを１つ選んでください。

　　　1　6月
　　　2　7月
　　　3　8月
　　　4　9月

音声情報

【質問文】状況説明と質問文が流れます。だれが話しているのか、何を答えればいいのかを聞き取ります。質問にポイントを絞って、あとの話を聞きます。

男の人と女の人が旅行について話しています。二人はいつ旅行に行きますか。

【会話・スピーチ文】二人の会話か一人の話が流れます。

F：ねえねえ、今年もどこかに旅行したいねえ。

M：そうだね。また温泉行きたいね。いつがいいかな。

F：去年はお盆休みで、どこに行っても人ばかりだったし、ホテルも高かったから、別の時期にしようよ。

M：うん、やっぱり6月が暑くも寒くもなくていいんだけどな。今からじゃ、宿が取れないか。

F：もう、今月じゃない!?　土日は厳しいかも。7月は？

M：う～ん、雨が多いから、天気が心配だな。

F：じゃ、お盆休みが終わって、少し涼しくなってからにしましょうよ。今から計画を立てれば、人気の宿も取れるし。

M：よし、そうするか。・・・あ、9月は海外出張があるんだった。準備もあるから、休みがとりにくいなあ。

F：じゃあ、やっぱり来月ね。温泉が目的だし、車だから降っても平気よ。それに、私、晴れ女だから大丈夫。

M：わかった。それに期待しよう。

【質問文】もう一度質問文が流れます。答えが正しく聞き取れていたかを確認します。

二人は いつ 旅行に行きますか。

解き方のポイント

正解：2

① 音声を聞く前に「選択肢」を見ておく。

② 状況説明と質問文を聞いた後で、もう一度選択肢を見て、話の内容を予測する。何に注意して聞くか、意識する。

③ 質問と関係のある言葉や情報をメモしながら会話文を聞いて、正しい答えを選ぶ。

④ 最後にもう一度質問文が流れるので、答えが正しいか、確認する。

 **覚えておこう**

出題が予想される場面・話題・質問

予想される会話場面　　※「課題理解」とほぼ同様。

- 大学（教室・研究室・事務室）…学生と教師、学生同士、学生と大学職員
- オフィス…部下と上司、同僚同士
- 病院…患者と医者、患者と看護師
- 店（飲食店・電気店など）…店員と客、アルバイト店員と店長
- アパートやホームステイ先など…学生と大家・ホストファミリー・近所の人
- 家族…夫と妻、親と子など
  - ＊〜同士：それぞれが同じように〜である関係。
  - ＊ホームステイ：homestay ／借宿在別人家里／ ở nhà riêng của người dân
  - ＊〜先：〜するところ。〜する相手。
  - ＊ホストファミリー：host family ／提供住宿的家庭／ gia đình chủ nhà

予想される話題・状況　　※「課題理解」とほぼ同様。

- レポートや論文…内容やテーマ、提出の方法・期限など
- ゼミ…研究のテーマ、発表の順番など
- 会議などの準備…会議やセミナー、展示会などの準備、配付資料や会場の準備など
- 上司の指示…書類の修正、資料の準備、取引先や来客への対応など
- 電話での指示や依頼…伝言、代わりの作業の依頼、修理の依頼など
- アクシデント…体調不良、電車のトラブルなど
  - ＊期限：time frame; period ／期限／ kỳ hạn　＊セミナー：seminar ／研讨会／ hội thảo
  - ＊修正（する）：(to) correct ／修正／ chính sửa　＊取引先：client; customer ／客户／ đối tác
  - ＊対応（する）：(to) interact with; (to) deal with ／対応、応酬／ ứng xử, ứng phó
  - ＊依頼（する）：(to) ask ／依頼／ nhờ vả, yêu cầu　＊体調：体の調子。

予想される質問

- 女の人は何を〜ますか。
- 男の学生は何が〜と言っていますか。
- どうして〜ますか。／〜の理由（原因）は何ですか。
- 女の学生はいつ〜ますか。
- 男の人はどのように〜ますか。
- どんな〜ですか。
- 何が一番〜ですか。／最も〜は何ですか。
- 〜場合はどうしますか。

UNIT 1　５Ｗ１Ｈを聞き取るパターン
（き）（と）

Patterns that require listening to 5W1H ／听取５Ｗ１Ｈ模式／ mẫu hiểu được 5W1H

1-a　ダイアローグ（会話形式）
（かい わ けいしき）
Dialogues (conversations) ／会话形式／ đối thoại (hình thức hội thoại)

POINT

まず、「疑問詞を使った質問」、つまり「５Ｗ１Ｈ」（いつ・どこで・だれが・何を・なぜ・どのように）を正確に聞き取ることが大切です。それに続く会話を聞きながら、選択肢にチェックを入れたり、メモをとったりして答えを絞りましょう。
（ぎ もん し）（つか）（し つもん）（なに）（せいかく）（き）（と）（たいせつ）（つづ）（かい わ）（き）（せんたく し）（い）（こた）（しぼ）

The first important thing to do is to accurately listen to questions that use interrogatives, or 5W1H (who, what when, where, why, how). Listen to the conversation that continues after that and make marks on the choices or take notes to narrow down the possible right answer. ／先是「使用疑问词的提问」，即正确听懂「５Ｗ１Ｈ（いつ・どこで・だれが・何を・なぜ・どのように）／５个W1个H（何时・何地・谁・做什么・为什么・怎么」是非常重要的。然后一边听接下来的话一边在选项上做记号或记笔记等从中得出真确答案。／ Đầu tiên, việc nghe hiểu được "câu hỏi có từ nghi vấn" hay còn được gọi là "5W1H (khi nào, ở đâu, ai, cái gì, tại sao, như thế nào)" là rất quan trọng. Tiếp sau đó trong lúc nghe hội thoại sẽ đánh dấu vào các lựa chọn hay ghi chép lại để có được câu trả lời đúng.

EXERCISE

練習 14
（れんしゅう）

Disc 1
TR 28

1　地下鉄の改札の前
　（ち か てつ）（かいさつ）（まえ）

2　地下鉄の改札の中
　（ち か てつ）（かいさつ）（なか）

3　新幹線の改札の前
　（しんかんせん）（かいさつ）（まえ）

4　新幹線の改札の中
　（しんかんせん）（かいさつ）（なか）

Memo

練習 15
（れんしゅう）

Disc 1
TR 29

1　誕生日に電話する
　（たんじょう び）（でん わ）

2　カードでバッグを買う
　（か）

3　食事をごちそうする
　（しょく じ）

4　旅行をプレゼントする
　（りょこう）

Memo

問題スクリプトと解答の流れ

練習 14　Disc 1 TR 27

正解：3

電話で同じ会社の女の人と男の人が話しています。女の人は部長に待ち合わせ場所をどこだと伝えますか。

（電話の着信音に続いて電話に出る音）

M：あ、水野さん？　ソンです。あの、部長、もう、そっちを出られました？

F：いえ、いま、お席にいらっしゃいませんが、まだ社内だと思います。

M：あ〜、よかった。部長にメールしたんですが、返事がなくて。2時に地下鉄の新大阪駅の改札で待ち合わせていたんですが、その前にもう一つ行かなきゃならないところができてしまったんです。それで、待ち合わせ場所を新幹線の改札に変えてもらえればと思って。

F：わかりました。新幹線の切符は、部長も**お持ちなんですね**。

M：**それが**、私が持っているんです。**部長は中に入れないので**、**新幹線の改札前**で待っててもらえないかと。**中央乗り換え口**の前です。

F：部長が戻られたらお伝えします。時間は2時で大丈夫ですか。

M：それには間に合います。**外の中央口じゃなくて**、中の新幹線の方です。

F：わかりました。中央乗り換え口ですね。

M：お願いします。**念のために**もう一回、メールを入れときますので。では、失礼します。

女の人は部長に待ち合わせ場所をどこだと伝えますか。

ことばと表現

- □ **待ち合わせ**：appointment ／约会／ hẹn gặp nhau

- □ **着信**：arrival ／来短信 ／ cuộc gọi đến

- □ **社内**：会社の中。

★ **重要語をチェック！**

「それが（さ）、……」

「お［ます形］（なん）です」

「念のため（に）」⇒ p.76

質問文を聞く	「女の人が部長に場所を伝える」ことを頭に入れておく。
選択肢を読む	新大阪駅のどの改札口か。改札口の中か、外か。
会話を聞く	会話を聞きながら、選択肢に「○×」を書いていく。地下鉄はもともとの待ち合わせ場所だったが、変えたので、1と2は×。3と4から選ぶ。

（もう一度質問文を聞いて確認）

答えを選ぶ	「外の中央口じゃなくて、中の新幹線の方」を聞き間違えないように。新幹線の改札の前か、中か。

キーワードをキャッチ

「新幹線の改札まで来てもらおう」「部長は中に入れない」「新幹線の改札前」
「中央乗り換え口の前」「外の中央口じゃなくて」

練習 15　Disc 1 TR 29

正解：4

兄と妹が、母親の誕生日プレゼントについて話しています。2人は何をすることにしましたか。

F： ねえ、お兄ちゃん、来月のお母さんの誕生日、何か考えてる？

M： いや、まだ。毎年のことなんだけど、何がいいか、わかんないんだよね。

F： **とか言って**、お兄ちゃん、去年も何もしなかったじゃない。

M： 「おめでとう」って電話したよ。けっこう喜んでたし、今年もそれでいいかな。

F： もう、子どもじゃないんだから！　今年は私も就職したし、いっしょに何かプレゼントしない？　ちょっといいバッグとか。

M： バッグねえ……。たくさん持ってるんじゃないの？

F： じゃあ、家族4人でレストランで食事は？　そうだ、お父さんの分もごちそうしようよ。

M： なんで？　あ、おやじも来月、誕生日か。

F： そう。ねえ、**どうせなら**、旅行は？　**2人でのんびり温泉にでも行ってもらおうよ**。**確か**、もうすぐ結婚25周年だって言ってたから。それがいいよ。

M： そうか……。でも俺、今月はパソコンを買い換えたから、**キビシイなあ**。旅行まではちょっと……。やっぱり食事でいいんじゃないか。

F： だめよ。**カードで払えば引き落としは2か月後**でしょ。じゃあ、私、**いいところ探しとくね**。

M： はいはい、わかったよ。

2人は何をすることにしましたか。

□ **おやじ**：「お父さん」のラフな言い方。

□ **どうせなら**：「そうなることが明らかで変えられないなら、機会を十分に利用しよう、いちばんの結果を望もう」という気持ちを表す。

□ **確かに**：certainly; indeed ／确实／ đúng là, chắc chắn là

□ **引き落とし**：debit ／从账户上扣钱／ rút tiền qua tài khoản

★ **重要語をチェック！**

「〜とか言って、……」
「どうせなら、……」
「たしか」 ⇒ p.76

| 質問文を聞く | 「2人は何をするか」だから、おそらく結論は最後の部分に近いところ。 |

| 選択肢を読む | 4つのキーワード、「電話、バッグ、食事、旅行」を頭に入れる。 |

| 会話を聞く | 兄と妹が母親の誕生日プレゼントの相談をしている。妹の方が積極的に次々と提案している。今、何の話か、聞き間違えないように |

（もう一度質問文を聞いて確認）

| 答えを選ぶ | 「はいはい、わかったよ」は妹の意見に兄が従った形。カードで何を支払うのか。「いいところ探しとくね」がヒント。 |

キーワードをキャッチ
「2人でのんびり温泉にでも行ってもらおう」「キビシイなあ」
「カードで払えば引き落としは2か月後」「いいところ探しとくね」

PART ❶ 基礎編
PART ❷ 対策編
課題理解
ポイント理解
概要理解
即時応答
統合理解
PART ❸ 模擬試験
試験に出る言葉

練習 14

(1) それが（さ）、…… 予定外、予想外のことが起こった（良くないことが多い）状況を伝える。

① A「ご家族のみなさんはお元気ですか。」
　 B「**それが**、祖母が入院することになりまして……。」
② A「旅行、楽しかった？」　B「**それが**、ずっと雨ばかりでね。」

(2) お［ます形］（なん）です 敬語。尊敬の「お［ます形］になっています」の短い形。

① あちらでお客様が**お待ち**です。　＝待っています
② 会議の場所は**おわかり**ですか。　＝わかっていますか

(3) 念のため（に） 大丈夫だと思うが、もう一度確認のために。

① **念のため**、前日にメールで待ち合わせの場所と時間を確認した。
② 「傘は持った？」「降らないと思うけど、**念のために**折り畳みを持って行くよ。」
　 ＊折りたたみ：collapsible ／折叠／ gấp lại

練習 15

(1) 〜とか言って、…… 〜というようなことを言っているが、事実は逆だ（と話者は思っている）。

① A「テスト勉強した？」
　 B「ううん、ぜんぜん。」
　 A「**とか言って**、本当はちゃんとやってるんでしょ。」
② A「今日はごちそうするから、何でも好きなもの注文して。」
　 B「**とか言って**、何かあとでお願いがあるんじゃないの？」

(2) どうせなら、…… せっかく〜するのだからと、より多く、より程度の高いことを望む気持ちを表す。

① A「旅行、どこ行く？」　B「**どうせなら**、一週間休んで、海外にしようよ。」
② A「スピーチコンテストに出ることになっちゃった。」
　 B「へえ〜。**どうせなら**、しっかり練習して優勝を目指したら？」

(3) たしか はっきり覚えていないが、たぶん〜だろう。

① 彼女は**たしか**関西の出身だったと思う。
② A「私のスマホ、見なかった？」　B「**たしか**、テーブルの上に置いてあったよ。」

1-b モノローグ（スピーチ形式） Monologues (speeches) ／独白形式／ độc thoại (hình thức hùng biện)

♪ POINT

　モノローグの場合、その人がだれに向かって、どんな状況で話しているのかを、まず理解することが大切です。誰か一人に話をしているなら、「いつ、どこで、だれが、どうした」ということを細かく聞き取ることが求められます。一方、大勢の人に対してスピーチをしているような場合は、何について話しているのか、何が言いたいのか、など、内容全体を問う問題が多いです。

誰に対して
話してる？

For monologues, it is first important to understand who the speaker is speaking to and what situation he or she is in. If someone is speaking on his or her own, careful listening regarding when, where, who, and why will be required. On the other hand, in situations where someone is speaking to a large crowd, questions about the overall content are asked, such as what is being talked about and what the speaker wants to say. ／独白场合首先要了解对方说的是针对谁, 在什么状况时说的非常重要。如果是对某一个人说的话，要仔细地抓住「何时、何地、谁、怎么了」这些细节听。如果是对多数人说时，关于什么的话题，对方想说什么等提出有关整体的问题会比较多。／ Với trường hợp là độc thoại, trước hết cần phải hiểu được người đó hướng về ai, nói chuyện với tình trạng như thế nào. Nếu hướng đến một ai đó nói chuyện thì yêu cầu nghe hiểu được chi tiết thông tin như "khi nào, ở đâu, ai, làm gì". Mặt khác, nếu đang nói chuyện với nhiều người như là buổi phát biểu, thì câu hỏi thường được đặt ra là về tổng thể nội dung như nói chuyện về vấn đề gì hay người nói muốn nói điều gì v.v..

EXERCISE

練習 16

Disc 1
TR 30

1　自分が子どものころの犬の飼い方

2　犬が快適な生活を送っていること

3　犬が家族のように愛されていること

4　犬の命が大切にされていないこと

Memo

練習 17

Disc 1
TR 31

1　明日の午後　　　　2　来週の火曜日

3　来週の水曜日　　　4　来週の木曜日

Memo

練習 16　Disc 1　TR 30　　　　　　　　　　　　　正解：4
れんしゅう　　　　　　　　　　　　　　　　　　せいかい

女の人がスピーチをしています。女の人が言いたいことは何ですか。
おんな ひと　　　　　　　　　　　　おんな ひと　い　　　　　　　　　なん

F：　私の家では幼いころからずっと犬を飼っていました。当時は犬は
　　　わたし いえ　 おさな　　　　　　　いぬ か　　　　　　　　　　とうじ いぬ
　　家の外にいて、犬と人間の生活がはっきりと分かれていました。
　　いえ そと　　　　いぬ にんげん せいかつ　　　　　　　わ
　　食べ物も人間が食べた残り物が多かったです。でも、今ではエア
　　た もの にんげん た　　　のこ もの おお　　　　　　　　いま
　　コンが効いた快適な部屋で飼われ、犬の年齢や種類、好みに合っ
　　　き　　　かいてき へや か　　　　いぬ ねんれい しゅるい この あ
　　たペットフードを十分に与えられ、冬は暖かい洋服を着せられて、
　　　　　　　　　　じゅうぶん あた　　　　ふゆ あたた　　ようふく き
　　まるで家族の一員のように生活しているワンちゃんたちが多くな
　　　　かぞく いちいん　　　　　せいかつ　　　　　　　　　　　　　おお
　　りました。一見、犬はとても大切にされているように見えるし、
　　　　　　いっけん いぬ　　　　たいせつ　　　　　　　　み
　　実際にほとんどの飼い主は自分の家族と同じくらい彼らを愛して
　　じっさい　　　　　か ぬし じぶん かぞく おな　　　　かれ あい
　　いるのでしょう。でも一方で、人間の都合で捨てられたり、ペッ
　　　　　　　　　　　　いっぽう　にんげん つごう す
　　トショップで売れ残ってしまったりした犬たちが、引き取る人
　　　　　　　　う のこ　　　　　　　　　いぬ　　ひ と ひと
　　が見つからずに大量に処分されている現実があります。生きて
　　　み　　　　たいりょう しょぶん　　　　げんじつ　　　　い
　　いる命に対して「処分」ということばを使うことが許されるので
　　　いのち たい　　しょぶん　　　　　つか　　　ゆる
　　しょうか。そもそも、命に値段をつけて、流行の商品のように
　　　　　　　　　　　いのち ねだん　　　　りゅうこう しょうひん
　　売り買いすることが、私はどうしても納得できないのです。
　　う か　　　　　わたし　　　　なっとく

女の人が言いたいことは何ですか。
おんな ひと い　　　　　　なん

<hr>

質問文を聞く　「女の人が言いたいこと」なので、全体を聞くつもりで。また「言いたいこと」はほと
しつもんぶん き　おんな ひと い　　　　　　ぜんたい き　　　　　　　　　　　い
　　　　　　　　んどの場合、後半にある。
　　　　　　　　　　ばあい こうはん

▼

選択肢を読む　2、3は明るい内容。4は暗い内容。
せんたくし よ　　　　　　あか　ないよう　　　くら ないよう

▼

話を聞く　選択肢の順に話が流れていく。結論はどこにあるか。
はなし き　せんたくし じゅん はなし なが　　けつろん

▼

（もう一度質問文を聞いて確認）
いちど しつもんぶん き　かくにん

▼

答えを選ぶ　意見を述べているのはどの部分か。
こた えら　いけん の　　　　　　ぶぶん
　　　　　　「許されるのでしょうか」「どうしても納得できないのです」を聞き取る。
　　　　　　ゆる　　　　　　　　　　　　なっとく　　　　　　　き と

<hr>

キーワードを
キャッチ　「一見、犬はとても大切にされている」「人間の都合で捨てられたり」「売れ残ってしまったりした」
　　　　　いっけん いぬ　　　たいせつ　　　　　にんげん つごう す　　　　　　う のこ
　　　　　「大量に処分されている現実」「命に値段をつけて」「納得できない」
　　　　　たいりょう しょぶん　　　げんじつ いのち ねだん　　　なっとく

<hr>

□ 幼い：young ／幼小／ ngây
おさな　　　　　　　　　　　　thơ

□ 効く：effective ／有効果／
き　　　　　　　　　　　　có hiệu quả

□ 好み：taste ／喜好／ sở thích
この

□ ペットフード：ペット用の
よう
食べ物
た もの

□ ワンちゃん：an affectionate
way to say「犬 (dog)」. ／是对
「犬 (狗)」的爱称／ cách gọi
thân mật của「犬 (một con chó)」

□ 処分 (する)：不要なものや問
しょぶん　　　　ふよう　　　　もん
題のあるものについて、ど
だい
う扱うか決めて、捨てたり
あつか き　　　　　す
すること。

★ 重要語をチェック！
じゅうよう ご
「A。一方でB」「そもそも」
いっぽう
⇒ p.80

練習 17　Disc 1 ⓣⓡ 31　　　　正解：4

留守番電話にメッセージが入っていました。ソファーの配達はいつになると言っていますか。

M：田中様のお宅でしょうか。私、ABC家具の森と申します。先日はソファーと本棚をお買い上げいただき、ありがとうございました。それで、商品のお届けについてですが、申し訳ございません、こちらで確認ミスがありまして、**ソファーの方が間に合わなくなって**しまいました。ご希望のお色は現在品切れで、**メーカーから届くのが来週の火曜日**になります。また、翌日水曜日の配送予定がいっぱいで、**田中様にお届けできるのは木曜日**の午前中ということになってしまいます。恐縮ですが、ご都合はいかがでしょうか。それから、**本棚の方は予定通り明日の３時**ごろのお届けでよろしいでしょうか。ご迷惑をおかけして、本当に申し訳ございません。**後ほど 改めて**お電話をさせていただきます。よろしくお願いいたします。

ソファーの配達はいつになると言っていますか。

📖 **ことばと表現**

□ **お宅**：「（人の）家」の敬語。
□ **お届け**：「届けること」の敬語。
□ **品切れ**：売り切れて、商品がないこと。
□ **メーカー**：manufacturer ／厂家／ nhà sản xuất
□ **配送→配達**
□ **恐縮ですが**：すみませんが。申し訳ないという気持ちを表す。
□ **後ほど**：「あとで」の丁寧な言い方。

⭐ **重要語をチェック！**

「後ほど」「改めて」⇒ p.80

質問文を聞く	ソファの配達日なので、商品名と日時に注意して聞く。

▼

選択肢を読む	４つのうち３つが来週。そのどれかの可能性が高いと予想する。

▼

会話文を聞く	前半は事情説明。予定通りに届かないのはソファーと本棚のどちらか。選択肢に書き込みながら聞く。

▼

（もう一度質問文を聞いて、確認）

▼

答えを選ぶ	「商品が店に届く日」と「自宅に配達される日」を間違えないように。

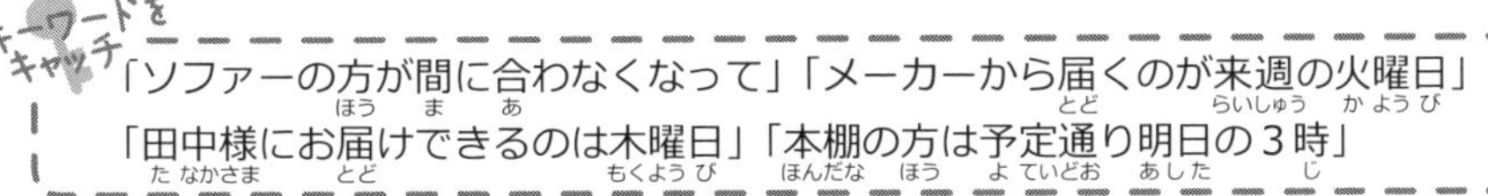

キーワードをキャッチ　「ソファーの方が間に合わなくなって」「メーカーから届くのが来週の火曜日」
「田中様にお届けできるのは木曜日」「本棚の方は予定通り明日の３時」

PART ❶ 基礎編
PART ❷ 対策編
課題理解／ポイント理解／概要理解／即時応答／統合理解
PART ❸ 模擬試験
試験に出る言葉

練習 16
れんしゅう

(1) Ａ。一方でＢ　　ＡとＢという２つの行為や状態がともに成立している。
いっぽう　　　　　　　　　　　　こうい　じょうたい　　　　　せいりつ

① 彼女はお金がないと言う**一方で**、買い物が好きで無駄づかいをしている。
　かのじょ　　かね　　　　い　いっぽう　　　か　もの　す　　むだ

＊ 無駄づかい：waste ／乱花钱／ lãng phí

② 日本語の勉強をする**一方で**、日本人に英語を教える仕事も始めた。
　にほんご　　べんきょう　　いっぽう　　にほんじん　えいご　おし　　しごと　はじ

(2) そもそも　　もともと、最初から、本来は。
さいしょ　　　ほんらい

① **そもそも**、この計画を聞いたときから反対だった。
けいかく　き　　　　　　　はんたい

② **そもそも**、勉強とは自分のためにするべきものだ。
べんきょう　　じぶん

練習 17
れんしゅう

(1) 後ほど　　あとで。
のち

① では、**後ほど**お会いしましょう。
のち　　あ

② Ａ「鈴木課長はいらっしゃいますか。」
　　すずき　かちょう

　 Ｂ「ただいま席を外しておりますが……。」
　　　せき　はず

　 Ａ「では、また**後ほど**お電話いたします。」
　　　のち　　　でんわ

(2) 改めて　　もう一度、別の機会に。
あらた　　いちど　べつ　きかい

① 病気になって、**改めて**健康の大切さを実感した。
　びょうき　　　あらた　けんこう　たいせつ　　じっかん

② ご迷惑をおかけしました。また、**改めて**おわびに伺います。＊（お）わび：謝ること。
　めいわく　　　　　　　　　　　あらた　　　　うかが　　　　　　　　　あやま

UNIT 2 条件を聞き取るパターン
（じょうけん）（き）（と）

Patterns where conditions are listened for ／听取条件模式／ mẫu hiểu được điều kiện

1-a ダイアローグ（会話形式）
（かい わ けいしき）
Dialogues (conversations) ／会话形式／ đối thoại (hình thức hội thoại)

POINT

「疑問詞を使った質問」に「一番・最も」「〜の場合は」「今・将来」などの「条件」がつきます。例えば「最も大切なことは何ですか」「一番大きい理由は何ですか」「〜の場合はどうなりますか」などのような質問で、いくつかを比べて条件に合うものを答えます。メモをとったり、選択肢にチェックを入れたりしながら、会話の流れを注意深く聞き取りましょう。

Questions that use interrogatives include conditions, such as first/most, in the case of ~, now/future, and so on. These require you to compare multiple choices and pick the one that meets the conditions for questions such as "What is the most important thing," "What is the biggest reason," "What about in the case of~" and so on. Take notes or and/or mark the choices as you carefully listen to the flow of the conversation. ／在「使用疑问词的提问」上加「一番・最も」「〜の場合は」「今・将来」等「条件」。例如「最も大切なことは何ですか／最重要的事是什么？」「一番大きい理由は何ですか／最大的理由是什么？」「〜の場合はどうなりますか／〜场合该怎么办」等提问，比较几个，选择符合条件的做答案。边做笔记边在选项上做记号，仔细听取对话的内容。／ Với các câu hỏi có dạng kết hợp giữa "điều kiện" như "(thứ) nhất", "trong trường hợp ~", "bây giờ/trong tương lai" .. với "câu hỏi có từ nghi vấn", ví dụ các câu hỏi "Điều quan trọng nhất là gì?", "Lý do lớn nhất là gì?", "Trong trường hợp ~, thì sẽ như thế nào?", thì cần phải so sánh nhiều thông tin để đưa ra được câu trả lời thích hợp với điều kiện. Hãy chú ý lắng nghe và ghi chép cũng như đánh dấu vào các lựa chọn để theo dõi diễn biến của hội thoại.

EXERCISE

練習 18
（れんしゅう）

Disc 1
TR
32

1　幼稚園のとき
　　（ようちえん）

2　小学生のとき
　　（しょうがくせい）

3　大学のとき
　　（だいがく）

4　10年前
　　（ねんまえ）

Memo

練習 18  Disc 1 32

正解：1

女の人と男の人が話しています。男の人がなつみさんと最初に出会ったのはいつですか。

F： 長田さん、なつみさんと結婚が決まったって聞きましたよ。おめでとうございます。

M： いやあ、ありがとう。

F： いつ結婚するのかなあって、みんなで言ってたんですよ。

M： 彼女とは友達だった時期も合わせると**10年以上の付き合い**だからね。

F： **大学の入学式で初めて見たとき**、かわいいって思ったんでしょう?

M： まあね。でも話すようになったのは、3年生で同じゼミになったときからだよ。卒業してからは、**2年前に偶然再会する**まで、ずっと会ってなかったし。

F： 海外出張に行く飛行機で隣の席になる**なんて**、**まさに運命的**ですよね。

M： いや、運命的**といえば**ね、**実はもっと前**なんだよ。

F： え? どういうことですか。

M： この前、**小さいころのアルバム**を見ていたら、幼稚園が同じでね。

F： え〜、本当ですか!?

M： すぐに**彼女だってわかって**、**びっくりしちゃった**よ。それで聞いてみたら、**小学校も同じだったって**。二人とも、まったく覚えてないんだけどね。

F： へえ、そんなことって、あるんですね。

男の人がなつみさんと最初に出会ったのはいつですか。

📖 ことばと表現

□ **再会**(する)：(しばらく会わなくなったあと)また会うこと。

□ **運命的**(な)：fated; destined ／命运的／ định mệnh

□ **アルバム**：album ／相册／ quyển album, tập ảnh

⭐ 重要語をチェック!

「Aなんてどだ」
「AといえばBだ」
⇒ p.84

質問文を聞く	男の人が最初に彼女と会ったのはいつか。「再会」ではないことに注意。
選択肢を読む	選択肢は短いので、キーワードを頭に入れておく。
何がテーマ？	男の人の話には「彼女と会った」話が何回か繰り返し出てくる。その中で一番古いものを選ぶ。

（もう一度質問文を聞いて確認）

| 答えを選ぶ | 「運命的な出会い」は「実はもっと前」にあった。「幼稚園」「同じクラスの写真」「びっくりした」が聞き取れるか。最後の「小学校」にひっかからないように。 |

「10年以上の付き合い」「大学の入学式で初めて見た」「2年前に偶然再会する」「まさに運命的」
「実はもっと前」「幼稚園のときのアルバム」「彼女だってわかって、びっくりしちゃった」
「小学校も同じだったって」

練習 18
れんしゅう

(1) ＡなんてＢだ　ＡはＢだという強調。疑問、驚き、喜び、怒り、などを表す
きょうちょう　ぎもん　おどろ　よろこ　いか　　　あらわ

① あいさつもしない**なんて**、失礼なやつだ。
しつれい

② たった一度で合格する**なんて**、すごいなあ！
いちど　ごうかく

(2) ＡといえばＢだ　Ａということを聞くと、Ｂを連想したり、思い出したりする。
き　　　　れんそう　　　おも　だ

① 夏**といえば**やっぱり海でしょう。
なつ　　　　　　　　　うみ

② Ａ「昨日、国の母と久しぶりに電話で話したんだ。」
きのう　くに　はは　ひさ　　　　でんわ　はな

　 Ｂ「へえ、お母さん**といえば**、もう退院して元気になられたの？」
はは　　　　　　たいいん　　げんき

　 Ａ「うん、おかげさまでね。ありがとう。」

　 ＊おかげで：thanks to ／托福／ nhờ vào, nhờ có　＊おかげさまで：「おかげで」の丁寧な言い方。
ていねい　　い　かた

1-b モノローグ（スピーチ形式） Monologues (speeches) ／独白形式／ độc thoại (hình thức hùng biện)

POINT

モノローグは2人の会話とは違って、一方的に話が流れていくので、その中でポイントとなる部分を聞き逃さないように、特に集中して聞きましょう。最初に質問を聞いて、それに関係がありそうなところは、選択肢に〇、×を書き込みながら聞く練習をしてください。

Unlike two-person conversations, monologues move straight forward, so be particularly careful when listening to not miss important points in what is being said. Practice by first listening to the question then marking choices with o and x marks when they seem to have a relation to what is being said. ／独白跟两个人的对话不同，因为没有停顿地说，要注意不要把话中的重点部分听漏，要特别集中听。开始先听提问的内容，然后将与其有关联的地方在选项上一边画上〇、× 一边练习听。／ Độc thoại thì khác với hội thoại giữa hai người, câu chuyện sẽ diễn biến chỉ theo một hướng, vì vậy để tránh việc bỏ qua phần trọng điểm trong câu truyện thì cần phải tập trung để nghe. Đầu tiên là cần phải nghe câu hỏi, sau đấy sẽ đánh dấu 〇 hoặc × vào những chỗ có vẻ liên quan đến câu hỏi trong các lựa chọn.

EXERCISE

練習 19

Disc 1 TR 33

1　前の席に移動することです。

2　会場の外へ出ることです。

3　持ってきたお茶を飲むことです。

4　出演者の写真をとることです。

Memo

練習 20

Disc 1 TR 34

1　2回続けてカードを取ることができます。

2　箱の中のカードをもらえます。

3　テーブルの真ん中のカードをもらえます。

4　誰か1人のカードを全部もらえます。

Memo

練習 19  Disc 1 TR 33　　　　　正解：4

女の人が、ピアノの発表会の始まりを知らせています。演奏中にしてもいいことは何ですか。

F：　皆さま、本日はジョイフルコンサートにお越しいただき、ありがとうございます。おかげさまでこのコンサートも今年で10回目を迎え、出演者全員、この日を楽しみに一生懸命練習してまいりました。

さて、開演に先立ちまして、皆さまにお願いがございます。携帯電話の電源はどうぞお切りください。マナーモードの振動音も演奏を妨げることがございますので、電源はオフにしていただきますよう、お願いいたします。それから、演奏中は席をお立ちにならないようにお願いします。ドアの開け閉めや会場への出入りも、曲と曲の間でお願いいたします。また、会場内での飲食はご遠慮ください。写真を撮影されるときは、フラッシュをお使いにならないようにお願いします。どうか楽しいコンサートになりますよう、皆さまのご協力を重ねてお願いいたします。それでは間もなく開演です。皆さま、どうぞごゆっくりと演奏をお楽しみください。

演奏中にしてもいいことは何ですか。

ことばと表現

- □ 出演（する）：(to) appear in; (to) act in ／出演／ trình diễn
- □ 開演：劇や演奏会などを始めること。
- □ 電源：power; electricity source ／电源／ nguồn điện
- □ 振動音△：vibration sound ／震动音／ âm rung động
- □ 妨げる：prevent ／防止／ ngăn, chặn
- □ オフにする：turn off ／关掉／ tắt
- □ 席を立つ：立って、席を離れること。
- □ 出入り：出ることと入ること。出たり入ったりすること。
- □ フラッシュ：flash ／闪光灯／ ánh sáng loé lên
- □ 重ねて：くり返して。

★ 重要語をチェック！

「Aに先立ってB」
「Aはご遠慮ください」
「遠慮する」⇒ p.88

質問文を聞く	聞かれているのは「してはいけないこと」ではなく「してもいいこと」であることに注意。
選択肢を読む	4つのポイントを頭に入れる。
何がテーマ？	曲が流れている間、何をしてはいけないか。⇒してもいいのは何か。

（もう一度質問文を聞いて確認）

| 答えを選ぶ | 「演奏中に」ということもポイント。「飲食」と聞いて意味がわかるか。写真を撮るときの条件は？ |

キーワードをキャッチ：「席をお立ちにならないように」「会場への出入りは曲と曲の間で」「飲食はご遠慮ください」「フラッシュをお使いにならないように」

練習 20　Disc 1 34　　　　　正解：2

男の人がゲームの説明をしています。王様のカードが出た場合、どうなりますか。

M：では、これからカードを使ったゲームの説明をします。カードは全部で 100 枚あって、裏にはいろいろな人の絵が描いてあります。商人、兵隊、漁師、画家、金持ち、泥棒などです。そして、まず、テーブルの**真ん中にカードを重ねて置いて**、順番に 1 枚ずつ取っ**ていきます**。王女のカードが出た人は、続けてもう 1 枚取れます。その**代わりに**、次の人はカードが取れません。赤ちゃんのカードが出たら、それまでに自分が取ったカードを**全部テーブルの上の箱に入れて**ください。その後で、王様のカードを取った人が、**それをもらえます**。それから、1 枚だけ神様のカードがあります。神様のカードを取った人は、誰か 1 人を選んで、その人のカードを全部もらうことができます。最後にもう一つ、自分の順番が来てもカードを取りたくないときは「パス」と言ってください。パスは 3 回使えます。テーブルのカードがなくなったときに、一番たくさんカードを持っている人が勝ちです。では、やってみましょう。

王様のカードが出た場合、どうなりますか。

ことばと表現

- □ **商人**：merchant ／商人／ người buôn bán
- □ **兵隊**：soldier ／当兵的／ người lính
- □ **漁師**：fisher ／渔民／ ngư dân
- □ **順番に**：in order ／排号／ lần lượt
- □ **王女**：princess ／女王／ công chúa
- □ **王様**：a respectful way to say「王 (king)」. ／是对「王（国王）」的尊称。／ cách gọi tôn trọng của「王 (nhà vua)」.
- □ **神様**：a respectful way to say「神 (god)」. ／是对「神（神）」的尊称。／ cách gọi tôn trọng của「神 (thiên chúa)」

★ 重要語をチェック！

「（順番に）〜ていく」「AかわりにB」
⇒ p.88

| 質問文を聞く | 「ゲーム」「王様のカード」から、何種類かのカードがあることが想像できる。 |

▼

| 選択肢を読む | 何をもらえるかに注意する。 |

▼

| 何がテーマ？ | 「王様のカード」については、どんなルールがあるか。 |

▼

（もう一度質問文を聞いて確認）

▼

| 答えを選ぶ | それぞれのカードが出たときのルールを聞き取る。「それをもらえます」とあるが、それは何か。 |

PART ① 基礎編

PART ② 対策編

課題理解
ポイント理解
概要理解
即時応答
統合理解

PART ③ 模擬試験

試験に出る言葉

練習 19
れんしゅう

(1) Aに先立ってB　Aの前の段階としてBをする
さきだ　　　　　まえ　だんかい

① 開会に先立ちまして、一言ごあいさつをさせていただきます。
かいかい　さきだ　　　　ひとごと

② マンション建設に先立って、周囲の住民に対して説明会が開かれた。
けんせつ　さきだ　　　しゅうい　じゅうみん　たい　せつめいかい　ひら

(2) Aはご遠慮ください（①）　「Aをしないでください」の敬語表現。
えんりょ　　　　　　　　けいごひょうげん

遠慮する（②）　辞退する。
えんりょ　　　　じたい

① 中での写真撮影はご遠慮ください。
なか　　しゃしんさつえい　えんりょ

② A「明日の集まりにはいらっしゃいますか。」
あした　あつ

B「せっかくですが、仕事がありますので、遠慮させていただきます。」
しごと　　　　　　　　えんりょ

＊ せっかくですが：いい機会や相手の誘いなどをありがたいと思いながら応じられないことを残念に思う
きかい　あいて　さそ　　　　　　　　　　おも　　　　おう　　　　　　　　　　ざんねん　おも
気持ちを表す。
きも　　あらわ

練習 20
れんしゅう

(1) （順番に）〜ていく　続けて同じ動作をする
じゅんばん　　　　　　つづ　おな　どうさ

① 先生は一人ひとりに成績表を配っていった。
せんせい　ひとり　　せいせきひょう　くば

② この紙に一言ずつ、メッセージと名前を書いていってください。
かみ　ひとこと　　　　　　　　　なまえ　か

(2) A代わりにB　Aの交換条件でB
か　　　　　　こうかんじょうけん

① 説明する代わりに、サンプルを1つ送りました。
せつめい　か　　　　　　　　　　おく

② A　「すみません、明日のアルバイト、休ませていただけませんか。
あした　　　　　　やす

店長「いいけど、その代わり、日曜日に出てもらえる？」
てんちょう　　　　　か　　　にちようび　で

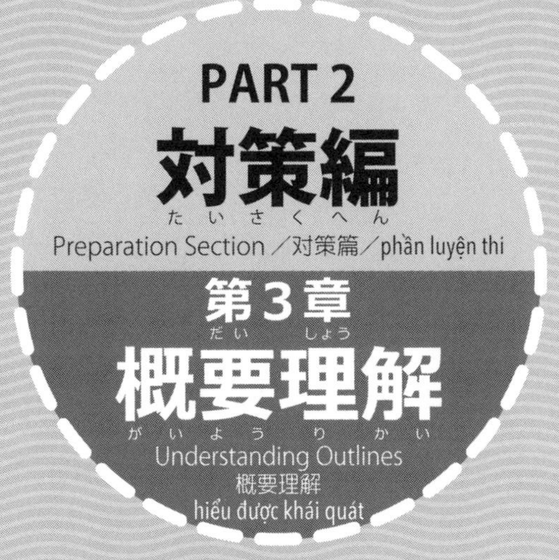

UNIT 1　テーマについて聞くパターン

Patterns about listening to themes／针对话题的听力模式／mẫu hiểu được chủ đề

1　何の話か聞く　Listening to what is being talked about／听说的是什么／hiểu được câu chuyện về cái gì
なん　はなし　き

2　話し手の目的を探る　Searching for the speaker's intention／探索话者的目的／hiểu được mục đích của người nói
はな　て　もくてき　さぐ

UNIT 2　意見を聞くパターン
いけん　き

Patterns about listening to opinions／听取意见模式／mẫu hiểu được ý kiến

1　話し手の意見を探す　Searching for the speaker's opinion／探索话者的意见／hiểu được ý kiến của người nói
はな　て　いけん　さが

2　話し手の立場を探る　Searching for the speaker's position／探索话者的立场／hiểu được lập trường của người nói
はな　て　たちば　さぐ

UNIT 3　予測するパターン
よそく

Patterns about prediction／预测模式／mẫu suy đoán

1　今後の変化を聞く　Figuring out future changes／抓住今后的变化／hiểu được sự diễn biến tiếp theo
こんご　へんか　き

2　これからの行動を探る　Searching for future actions／探索今后的行动／hiểu được hành động tiếp theo
こうどう　さぐ

UNIT 4　比べるパターン
くら

Comparative patterns／比较模式／mẫu so sánh

1　何と何を比べているかを探る　Understanding Outlines／概要理解／hiểu được khái quát
なに　なに　くら　さぐ

2　一番言いたいことを考える　Patterns about listening to themes／针对话题的听力模式／
いちばん　い　かんが　　mẫu hiểu được chủ đề

❓ どんな問題？

　聴解試験の第3問は概要理解です。概要理解というのは、「全体としてどんな内容か」が理解できているか問われる問題です。具体的には「何についての話か」「何の話か」「何をしに来たか」「○○についてどう思っているか」「○○はどうだったか」というような質問文になります。

　問題は5問出題されます。問題用紙には何も印刷されていません。まず、状況説明の文があります。次に、会話か一人の人の話を聞きます。質問文は、会話や話のあとで流れます。

　質問文に続いて、すぐに選択肢が4つ読み上げられます（印刷はなし、音声だけ）。聞こえた4つの中から最もよいものを1つ選びます。

⚙ 出題の基本パターン

問題用紙には何も印刷されていません。ーメモーと書かれています。

文字情報

※この部分は文字と音声の両方です。

問題3

　この問題では、問題用紙に何もいんさつされていません。この問題は、全体としてどんな内容かを聞く問題です。話の前に質問はありません。まず話を聞いてください。」それから、質問とせんたくしを聞いて、1から4の中から、最もよいものを一つ選んでください。

― メモ ―

音声情報

　まず、状況説明の文を聞きます。それから話、続いて質問文、答えの選択肢の順です。聞こえた選択肢の1〜4の中から最もよいものを選んでください。

【状況文】…「どこでだれが話しているか」が流れます。

🔊 女の人が虫について話しています。

【会話文】…一人の話あるいは二人の会話が流れます。

> F：外国から日本にやってくる虫が増えてきました。貿易などで物の行き来が増え、
> 物や、物を運ぶための箱や袋などに付いて入ってきます。今までは日本で生き
> ることが難しかった虫が、温暖化のせいで生きていけるようになってきました。
> 虫に刺されたりかまれたりすると、病気になったり死んでしまったりすること
> もあります。植物をはじめ自然への影響も大きく、森が全部枯れてしまったと
> ころもあるようです。今までの経験が生かされないので、新しい対策が必要に
> なってくることでしょう。

【質問文】…質問文が、ここで初めて流れます。

> 女の人は、日本にやってくる虫についてどう言っていますか。

【選択肢】…選択肢は、質問文のあとにすぐ流れます。

> 1　外国から来た虫は、日本では生きていけない。
> 2　外国から来る虫は、箱や袋に入れられて運ばれてくる。
> 3　外国から来た虫によって、多くの人が病気になって死んでいる。
> 4　外国から来る虫への対応には、今までの経験が使えない。

解き方のポイント

正解：4

① 文字情報がありませんから、音声を聞くまでは何もできません。
② 最初に流れる状況説明から、だれが、どんな場面で話しているのかを確認します。
③ 何についての話かをしっかり聞きます。細かいところやキーワードはメモします。
④ 会話の後の質問文で、何が問われているか、確認します。
⑤ メモと見比べながら、正しいと思う選択肢を選びます。

覚えておこう

出題が予想される場面・話題・質問

予想される話者のパターン

- テレビ・ラジオ…アナウンサー、解説者（専門家）、レポーター
- 会議・研修・集会・就職説明会…講師、発表者、司会、経営者（社長）、採用担当者
- 授業・講座・講演…教師、講師
- 美術館・資料館…案内係
- その他…案内放送、録音メッセージ

  ＊講師：lecturer ／讲师／ con (của người khác)

  ＊録音（する）：(to) record ／记录／ ghi lại

  ＊採用（する）：(to) adopt ／采用／ nhận con nuôi

予想される話題・テーマ

- テレビ・ラジオ…天気予報、健康・病気、食べ物、最近の流行、本や映画の紹介、イベントの紹介、地方のニュース、商品のＰＲ
- 授業・講座…講座・試験・評価の説明
- 講演…自然・環境、経済、教育
- 案内放送…展示内容の説明

  ＊イベント：event ／活动／ sự kiện

  ＊評価（する）：(to) evaluate ／评价／ đánh giá

予想される質問

- 女の人は、何について話していますか。
- レポーターは、主に何について話していますか。
- この話の主なテーマは何ですか。
- 男の人はどのようなテーマで話していますか。

UNIT 1 テーマについて聞くパターン

Patterns about listening to themes ／针对话题的听力模式／ mẫu hiểu được chủ đề

1 何の話か聞く

Listening to what is being talked about ／听说的是什么／ hiểu được câu chuyện về cái gì

♪ POINT

何の話か、テーマだけでなく、その説明の部分もしっかり聞き取りましょう。

Listening to what is being talked about ／听说的是什么／ hiểu được câu chuyện về cái gì

EXERCISE

練習 21

Disc 1
TR 35

Memo

2 話し手の目的を探る

Searching for the speaker's intention ／探索话者的目的／ hiểu được mục đích của người nói

♪ POINT

話し手の行動の目的を聞き取ります。質問者がいる場合は、その質問がヒントになります。そして、その答えを探します。

Listen for the purpose of the speaker's actions. In the case that someone is asking questions, their questions will act as a hint. Then search for the correct answer. ／听取话者的行动目的，有提问者时，其提问会成为提示，然后再寻找答案。／ Nghe hiểu mục đích hành động của người nói. Trường hợp có người hỏi thì câu hỏi đó sẽ là gợi ý. Từ đó sẽ tìm câu trả lời cho câu hỏi này.

EXERCISE

練習 22

Disc 1
TR 36

Memo

練習 21　Disc 1 **35**　　　　　　正解：2

テレビで女の人が猫のひげについて話しています。

F：　人間のひげは、<u>おしゃれとして楽しむ人もいる</u>ように、どのように見えるかという意味しかありません。ひげがなくても、生きていくのに困ることはありません。**ところが**、ネコのひげは全く違います。ネコのひげは非常に優れた感覚器官で、<u>ひげを使って、いろいろな情報を手に入れている</u>のです。**そればかりでなく**、感情を表す働きもあります。生きていくうえでとても重要なものなので、**中には**、**ひげがないと病気になったり**、抜くと死んでしまう**ネコもいる**そうです。毎日ひげを剃って**手入れをしている人間**とは、ずいぶん違いますね。

女の人は、ネコのひげはどんなものだと言っていますか。

1　おしゃれを楽しむためのもの
2　情報を手に入れるためのもの
3　ウイルスから身を守り、病気を防ぐもの
4　毎日手入れしなければならないもの

📖 **ことばと表現**

- [ ] **ひげ**：Searching for the speaker's intention ／探索話者的目的／ hiểu được mục đích của người nói
- [ ] **感覚**：Patterns about listening to opinions ／听取意见模式／ mẫu hiểu được ý kiến
- [ ] **器官**：Searching for the speaker's opinion ／探索话者的意见／ hiểu được ý kiến của người nói
- [ ] **抜く**：Searching for the speaker's position ／探索话者的立场／ hiểu được lập trường của người nói
- [ ] **剃る**：Patterns about prediction ／预测模式／ mẫu suy đoán
- [ ] **手入れ**：Figuring out future changes ／抓住今后的变化／ hiểu được sự diễn biến tiếp theo
- [ ] **ウイルス**：Searching for future actions ／探索今后的行动／ hiểu được hành động tiếp theo

⭐ **重要語をチェック！**
「ところが」「そればかりでなく」「中には」
⇒ p.96

何の話？	ネコのひげの話。
話の流れ	人間のひげとの対比で、ネコのひげの特徴について話している。 ＊対比：contrast ／对比／ so sánh　＊特徴：characteristic ／特征／ đặc trưng
質問文チェック	ネコのひげはどんなもの？　つまり、「どんな意味があるのか」が問われている。
注意点と答えの選び方	1と4は人間のひげについての話。3は「中には〜もいる」から、一部のネコの話とわかる。

キーワードをキャッチ
「おしゃれを楽しむ人もいる」「（ネコは）ひげを使って、いろいろな情報を手に入れている」
「ひげがないと病気になったり……ネコもいる」「毎日……手入れをしている人間」

練習 22　Disc 1 ⑬ 36　　　　　　　　　正解：4

テレビでレポーターがインタビューしています。

F：田中さんはどうしてこのボランティアを続けていらっしゃるのですか。

M：そうですね。**まず**、おもちゃが壊れてしまったときに、すぐに捨ててしまわないで、ここに**持ってきてくれるのがうれしい**ですね。物を大切にする心が育ってくれているようで。**また**、修理が難しいものほど、エンジニアとしての技術が求められるので、**やりがいを感じます**。ない部品は作るんですが、「百均」などの安い店で材料を探します。そんな**工夫が面白い**ですね。そして**何より**、元に戻ったおもちゃを手にした時の**子どもたちの笑顔ですね。やっててよかったと思います。**

田中さんがボランティアを続ける目的はなんですか。

1　ものを大切にする心を知ること
2　エンジニアの技術を見せること
3　ない部品を工夫して安く作ること
4　子どもたちの笑顔が見られること

📖 ことばと表現

□ **やりがい**：worthwhile feeling ／値得、有意义／ đáng làm (có ý nghĩa, có giá tri)

□ **エンジニア**：engineer ／工程师／ kỹ sư

□ **百均**：A shortening of「百円均一」. A store where everything or most products are sold for 100 yen. ／是「百円均一」的简缩说法。指几乎所有的商品都是以 100 日元贩卖的店。／ cách gọi tắt của「百円均一」. Ở đó bán tất cả hoặc hầu hết hàng hoá với giá 100 yên.

□ **手にする**：得る。自分のものにする。

★ 重要語をチェック！
「まず」「また」「なにより」
⇒ p.96

⇒ p.96

何の話？	田中さんはおもちゃを修理するボランティアをしている人。
話の流れ	ボランティアの中にある喜びについて話している。
質問文チェック	ボランティアの目的は何か。
注意点と答えの選び方	田中さんが喜びを感じるものの中で、一番大きなものは何か。「なにより」という言葉がヒントになる——「ほかのものより、これが一番」というものの前に使う語。つまり、「なにより」の次の言葉が一番になる。

キーワードをキャッチ

「まず、……持ってきてくれるのがうれしい」「また……やりがいを感じます」「工夫が面白い」
「何より……子どもたちの笑顔ですね。やっててよかったと思います。」

PART ❶ 基礎編

PART ❷ 対策編

課題理解　ポイント理解　概要理解　即時応答　統合理解

PART ❸ 模擬試験

試験に出る言葉

練習 21（れんしゅう）

(1) ところが

① 急いで電車に飛び乗った。**ところが**、それは反対方向の電車だった。
② 子どもたちを連れてすもうを見に行った。**ところが**、興味がないのか、すぐに眠り始めた。

(2) そればかりでなく

① きのうは町を案内していただいてとても助かりました。**そればかりでなく**、お土産まで
いただきまして、本当にありがとうございました。
② 彼は突然、学校をやめた。**そればかりでなく**、電話もメールもつながらなくなった。

(3) 中には（なか）

① 有名ブランドなのですごく高いですが、**中には**１万円くらいで買えるものもある。
＊ブランド：brand ／品牌／ thương hiệu
② この病気にかかると、数日間、高熱が続き、**中には**、死んでしまう場合もあるそうだ。

練習 22（れんしゅう）

(1) まず

① 今日は、**まず**、部屋の掃除をして、それから買い物に出かけよう。
② **まず**、部長の挨拶から始めて、次に各課の報告、最後に新人紹介、でいいよね。

(2) また

① 風邪で熱が出たら、まず、よく寝ることです。**また**、水分をしっかりとることも大切です。
② ペットの写真をかわいく撮るには、まず、近づいて撮る。**また**、目の高さをペットと同
じにする。これがポイントです。

(3) 何より（なに）

① 彼と結婚しようと思ったのは、**何より**、彼の作ってくれたスープが最高においしかった
からです。
② 小さい子どもたちを連れての旅行はいろいろ大変ですが、**何より**困るのはトイレです。

UNIT 2　意見を聞くパターン
いけん　　き

Patterns about listening to opinions ／听取意见模式／ mẫu hiểu được ý kiến

1 話し手の意見を探す
はな　て　　いけん　　さが

Searching for the speaker's opinion
／探索话者的意见／ hiểu được ý kiến của người nói

♪ POINT

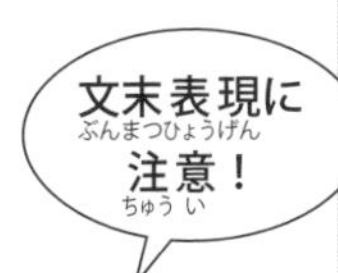

意見を聞き取る問題では、特に文末表現に注意です。状況の説明なの
いけん　き　と　もんだい　　　とく　ぶんまつひょうげん　ちゅうい　　じょうきょう　せつめい
か、話し手の意見なのか、他の人の話なのか、聞き分けられるように、文
はな　て　いけん　　ほか　ひと　はなし　　　き　わ
末表現を整理しておきましょう。
まつひょうげん　せいり

With questions that ask you to listen for an opinion, it is particularly important to pay attention to sentence-ending expressions. Make sense of these sentence-ending expressions to identify whether a sentence explains a situation, gives the speaker's opinion, or if it is something someone else said. ／在听意见问题时特别要注意句末表现。为了能听懂区分是状况的说明还是话者的意见，还是别人的话，要整理好句末表现。／ Với những câu hỏi về nghe hiểu ý kiến của người nói thì cần đặc biệt chú ý đến mô tả cuối câu. Hãy tổng hợp, sắp xếp lại phần mô tả cuối câu để biết được nó là giải thích cho tình trạng, hay là ý kiến của người nói, hoặc là câu chuyện của người khác.

EXERCISE ✎

練習 23
れんしゅう

Memo

Disc 1
TR
37

2 話し手の立場を探る
はな　て　　たちば　　さぐ

Searching for the speaker's position
／探索话者的立场／ hiểu được lập trường của người nói

♪ POINT

話し手がどう思っているのか、に注意を向けましょう。「いい」とプラス
はな　て　　　おも　　　　　ちゅうい　む
にとらえているのか、「よくない」とマイナスにとらえているのか。言葉だ
ことば
けでなく、イントネーションや話し方の調子などからも推測できます。
はな　かた　ちょうし　　　　すいそく

Pay attention to how the speaker is thinking. Is the speaker's impression positive or negative? You can infer this from not only words but through intonation and the manner of speech as well. ／注意话者是怎么想的，是往好的方面理解，还是往不好的方面理解，不仅只从词语上判断，还应从语调及说法上来判断推测。／ Hãy chú ý đến suy nghĩ của người nói. Người nói đang thể hiện tính tích cực "tốt" hay là tính tiêu cực "không tốt. Không chỉ chú ý đến lời của người nói mà nên suy đoán thông qua cả ngữ điệu cũng như cách nói chuyện của người nói.

EXERCISE ✎

練習 24
れんしゅう

Memo

Disc 1
TR
38

PART
1
基礎編

PART
2
対策編

課題理解
ポイント理解
概要理解
即時応答
統合理解

PART
3
模擬試験

試験に出る言葉

練習 23
れんしゅう

Disc 1
37

正解：1
せいかい

男の人と女の人が話しています。
おとこ ひと おんな ひと はな

F：最近、洗濯物を外に干さない人が増えてきている**みたい**ね。
　　さいきん せんたくもの そと ほ ひと ふ

M：え？ そうなの？ **ぼくなんか、太陽の匂いのする**シーツで寝るのって
　　　　　　　　　　　　　　　　たいよう におい　　　　　　　　　　　ね
　　気持ちいいけどなあ。
　　きも

F：太陽の匂い？ 太陽に匂いなんて、あったっけ？
　　たいよう にお たいよう にお

M：ないけど、太陽の暖かさとかありがたさとかを感じるじゃない。衛生
　　　　　　　たいよう あたた　　　　　　　　　　　　　　かん　　　　　　　えいせい
　　的にもいいし。
　　てき

F：まあ、そうだけど。でも、車の排気ガスとか空気が汚れているのが気
　　　　　　　　　　　　　くるま はいき　　　　　くうき よご　　　　　　　き
　　になる**人もいる**んじゃない？
　　　　　ひと

M：だろうね。花粉症の人は**花粉が付くのはいやだって聞く**よ。
　　　　　　　　かふんしょう ひと かふん つ　　　　　　　　　き

F：最近は、そういうことに対応した洗剤もあるのよ。
　　さいきん　　　　　　　　　たいおう せんざい

M：そうなんだ。あと、乾燥機能が付いてる洗濯機もあるよね。
　　　　　　　　　　かんそうきのう つ せんたくき

F：私もそれ使ってる、タオルを乾かすのに。
　　わたし つか　　　　　　　　かわ

M：へ～。どうしてタオルなの？

F：だって、外で干すと、ときどき、硬くなるけど、乾燥機能を使うとふ
　　　　　　そと ほ　　　　　　　　　かた　　　　　　かんそうきのう つか
　　わふわになるんだもん。

M：へえ、いろいろ考えてるんだ。
　　　　　　　　　かんが

男の人は洗濯物を外で干すことについてどう思っていますか。
おとこ ひと せんたくもの そと ほ　　　　　　　　　　おも
1　太陽を感じることができて、気持ちいい。
　　たいよう かん　　　　　　　　　　きも
2　空気の汚れや花粉が気になる。
　　くうき よご かふん き
3　特別な洗剤もいらないので、楽だ。
　　とくべつ せんざい　　　　　　　らく
4　タオルが硬くなるので大変だ。
　　　　　　かた　　　　　　たいへん

何の話？ なん はなし	洗濯物を外に干さない人が増えてきているという話。 せんたくもの そと ほ ひと ふ　　　　　　　　　はなし
話の流れ はなし なが	外で干す人が減ってきた理由をいろいろ考えている。 そと ほ ひと へ　　　　りゆう　　　　かんが
質問文 しつもんぶん チェック	男の人の意見として出てきたものはどれか。 おとこ ひと いけん で
注意点と ちゅういてん 答えの選び方 こた えら かた	文末表現から男の人の意見を表しているものはどれか、考える。 ぶんまつひょうげん おとこ ひと いけん あらわ　　　　　　　　かんが

キーワードを
キャッチ

「ぼくなんか太陽の匂いのする……気持ちいい」「花粉が付くのはいやって聞く」
　　　　　たいよう におい　　　　　きも　　　　　かふん つ　　　　　　　き

練習 24　Disc 1　38　　正解：3

テレビで男の人がインタビューに答えています。

M：最近、パソコンが使えない新入社員が増えてきていると聞きますが…。

F：そうですね。初めて持った携帯がスマホだったという世代ですね。パソコンを使わなくても大学生活を送れた人たちということです。個人的な生活ではスマホさえあれば困ることはなかったということでしょう。けれども、私たちの世代**にしても**会社に入ってからパソコンの使い方を覚えたんですから、今の若い人たちにで**きないわけがない**と思います。会社側がパソコンが使えて当たり前と考えなけれ**ば**、そんなに心配することは**ない**と思います。

男の人は、パソコンが使えない新入社員について、どう思っていますか。

1　パソコンが使えない人は、会社に入っても役に立たない。
2　パソコンが使えなくても、スマホが使えればいい。
3　会社に入ってからパソコンの使い方を覚えればいい。
4　パソコンが使えて当然と考える会社には、入らないほうがいい。

| 何の話？ | パソコンが使えない新入社員が増えているという話 |

↓

| 話の流れ | なぜパソコンが使えないのか→よく考えると昔も今も同じだ→心配ない |

↓

| 質問文チェック | パソコンが使えない新入社員がいることに対する男の人の意見 |

↓

| 注意点と答えの選び方 | マイナスととらえているのか、プラスととらえているのか、そのどちらでもないのか。「〜ば、心配ない」が男の人の立場。 |

ことばと表現

□ 世代：generation ／戸／ thế hệ

★ 重要語をチェック！
「にしても」「ないわけがない」
「〜ば、〜ない」⇒ p.100

キーワードをキャッチ
「私たちの世代にしても会社に入ってから…。今の若い人たちにもできないわけがない」
「心配することはない」

練習 23

(1) みたい

① 田中課長、来期からドバイ支店に転勤になる**みたい**。
② A「最近、ちはるの帰りが遅くないか。」B「ええ。どうやら恋人ができた**みたい**ですよ。」

(2) 〜って聞く

① 鈴木さん、交通事故で入院した**って聞いた**けど、ほんとう？
② A「今、コーヒー飲むと、寝られなくなるんじゃない？」
B「うん。でも、レポートの締め切り、明日なんだ。それに、美容にはいい**って聞く**よ。」
＊美容：physical beauty ／美容／ thẩm mỹ

(3) 〜人もいる

① 日本人の中にも、おすしがあまり好きでないという**人もいます**。
② A「このゲームアプリ、若者に流行ってたけど、今、中高年の人に人気があるらしいね。」
B「うん。70歳とか80歳でやっている**人もいる**んだって。」

練習 24

(1) にしても

① A「塾帰りの子どもが夜遅くに電車に乗っているのを見かけますね。」
B「ええ。親**にしても**心配だから、駅まで迎えに行くんでしょうね」
② A「最近の学生は、先生が黒板に書いた内容をスマホで撮ることもあるそうですね。」
B「電車の中で勉強するんだなどと言われると。学校側**にしても**、だめとは言いにくい
かもしれませんね。」

(2) ないわけがない

① あの会議には山田さんも出席していたんだから、聞いて**ないわけがない**と思う。
② 発表会のために何か月も頑張って練習したじゃない。うまくいか**ないわけがない**よ。

(3) 〜ば、〜ない

① この地方の冬はマイナス10度以下になるが、外に出なけれ**ば**、室内は寒く**ない**。
② 先生の言うことを聞いていれ**ば**、こんなことにはなら**なかった**。

UNIT 3 予測するパターン
よそく
Patterns about prediction ／予測模式／ mẫu suy đoán

1 今後の変化を聞く
こんご　へんか　き
Figuring out future changes
／抓住今后的变化／ hiểu được sự diễn biến tiếp theo

♪ POINT

話がどう展開するか、ある程度予測できるキーワードがあります。
はなし　てんかい　　　　　ていどよそく
それを聞き逃さないようにしましょう。
き　のが

There are keywords that let you predict to some degree how a speaker will move forward.
Pay attention so that you don't miss hearing them. ／话怎么展开，在某种程度上有可以预测的关键
语句，注意听的时候不要错过。／ Có những từ khoá có thể giúp suy đoán được nội dung phát triển của câu chuyện ở
một mức độ nào đấy. Vì vậy hãy cố gắng để đừng bỏ nó.

EXERCISE

練習 25
れんしゅう

Disc 1
TR
39

Memo

2 これからの行動を探る
こうどう　さぐ
Searching for future actions
／探索今后的行动／ hiểu được hành động tiếp theo

♪ POINT

まず、現在の状況や問題をつかみ、話の流れを追います。そして、特に、
げんざい　じょうきょう　もんだい　　　　　　　　　はなし　なが　お　　　　　　　　とく
今後の行動についての提案や助言に注意を向けましょう。
こんご　こうどう　　　　　　　　　ていあん　じょげん　ちゅうい　む

First understand the current situation or problem to follow the flow of what is being said. Then turn
your attention in particular to proposals or advice regarding future actions. ／首先抓住现在的状况及问题，
然后再顺着话脉听下去。特别注意关于今后行动的提案及提出的建议。／ Đầu tiên cần phân tích tình hình hiện tại hay
vấn đề rồi theo dõi diễn biến của câu chuyện. Sau đó hãy chú ý đến các gợi ý hay lời khuyên liên quan đến hành động tiếp theo.

EXERCISE

練習 26
れんしゅう

Disc 1
TR
40

Memo

練習 25　 **Disc 1** **39**　正解：2
れんしゅう　　　　　　　　　　　　　　　　せいかい

男の人と女の人が話しています。
おとこ ひと おんな ひと はな

M：そろそろお昼だね。お腹すいてる？
　　　　　　ひる　　　なか

F：うん。けさ、寝坊して朝ご飯抜きで来ちゃったから。
　　　　　　　ねぼう　　あさ はん ぬ　　き

M：朝ご飯抜いちゃ、だめでしょう。しっかり仕事できないよ。
　　あさ はん ぬ　　　　　　　　　　　　しごと

F：うん、わかってる。でもね、ついつい、食べるより寝るほう、選んじゃう。
　　　　　　　　　　　　　　　　　　た　　　　ね　　　　えら

M：ぼくは、いつも駅前のカフェでモーニングセット。抜いたことないなぁ。
　　　　　　　えきまえ　　　　　　　　　　　　　ぬ

F：へえ、そうなんだ。私の理想は旅館の朝ご飯！　温かいご飯とお味噌
　　　　　　　　　わたし りそう りょかん あさ はん　　あたた　　はん　　み そ
　汁、焼き魚に…。
　しる や ざかな

M：ご飯はぼくも食べたいけど、ちょっと手間がかかるんで、**なかなか**。
　　はん　　　　た　　　　　　　　　　てま
　知ってた？　100年前の日本人って、僕たちの倍はご飯を食べてたん
　し　　　　　ねんまえ に ほんじん　ぼく　　ばい　　はん た
　だって。

F：他に食べるものがなかったんじゃないの？　選択肢がなかったのよ。
　　ほか た　　　　　　　　　　　　　　せんたく し

M：**かもね**。ごはんに、パンに、パスタに、うどん、そば！　今はいくら
　　　　　　　　　　　　　　　　　　　　　　　　　　　　　いま
　でもあるからね。

F：**この流れは変わんない**んじゃない？　で、ランチ、何にしよう？　も
　　　なが　　　か　　　　　　　　　　　　　　　　なに
　う、ぺこぺこ。

女の人は日本人の食事について、どう考えていますか。
おんな ひと に ほんじん しょくじ　　　　　　かんが
1　米を食べる人が増える
　こめ た　　ひと ふ
2　米を食べる人が減る
　こめ た　　ひと へ
3　朝食を食べる人が増える
　ちょうしょく た　ひと ふ
4　朝食を食べる人が減る
　ちょうしょく た　ひと へ

ことばと 表現
　　　　ひょうげん
□ モーニングセット：

A morning menu item found at cafes and other similar establishments. A set that includes items such as toast, eggs, a salad, and coffee for a low price.「モーニングサービス」とも。／是咖啡店等地方的早餐菜单。有烤面包、鸡蛋、沙拉、咖啡等价格便宜套餐。也说「モーニングサービス」。／ Thực đơn dành cho bữa ăn sáng do một số nhà hàng hoặc quán cà phê cung cấp. Là một suất ăn bao gồm bánh mì nướng, món trứng, sà-lát, cà phê v.v.. với giá rẻ. Cũng gọi là「モーニングサービス」.

□ 抜く：skip ／拔／ bỏ
　ぬ　　　　　　　　bớt, lược bớt

★ 重要語をチェック！
　じゅうようご
「なかなか」「かもね」
「この流れ」⇒ p.104
　　なが

何の話？	朝ご飯の話と「ごはん」の話。ここで言う「ごはん」は米を食べること。
なん-はなし	あさ はん はなし　　　　　　　　　　　　　　い　　　　　　　　こめ た

話の流れ	朝ご飯の話→ 100年前の日本人と今の日本人の比較
はなし なが	あさ はん はなし　ねんまえ に ほんじん いま に ほんじん ひかく

質問文 チェック	これからの日本人の食事。
しつもんぶん	に ほんじん しょくじ

注意点と 答えの選び方	選択肢は「米を食べる」と「朝食を食べる」。朝食については二人は個人的な話しかしていない。「この流れ」というのは「ごはん」つまり米を食べる人が減ってきているということ。
ちゅういてん こた えら かた	せんたくし こめ た　　ちょうしょく た　ちょうしょく ふたり こじんてき はなし　　なが　　　　　　　　こめ た ひと へ

キーワードをキャッチ
「100年前の日本人って、僕たちの倍はご飯を食べてた」「この流れは変わんない」
　ねんまえ に ほんじん　ぼく　　ばい　　はん た　　　　　　なが　　　か

練習 26 Disc 1 ⑭40　　　　　　正解：1

女の人と男の人が話しています。

F：どうしたの？　何だか疲れてるみたい。

M：うん……。首と肩がすごく張ってて……。頭痛も続いてるし……。

F：**あらあら**。それは辛そうね。何か原因があるの？

M：**そりゃ**、一日中、いすに座ってパソコン見ているからね。それがよくないんだと思う。

F：でも、ジムで体、動かしてるんでしょう？

M：うん、結構通っているよ。会社でも、ときどき**体伸ばしたり、目を休ませたりしてる**し。

F：そうなんだ。太っている人は首とか肩とかが張りやすい、って聞いたことあるけど、**太ってない**しね。

M：まあね。いろいろやってるんだけどね。でも、**とにかく**、血の流れがよくないんだろうなあ。

F：そうよ、それ！　**おふろでゆっくり温まるのがいい**んじゃないかなあ。心と体がリラックスできて、いいよ。

M：**それは全然やってなかった**なあ。面倒だから、いつもシャワーだけで済ませてるよ。**じゃ、早速**。

男の人はこれからどうしようと思いましたか。

1　おふろにゆっくり入る　　　　2　ダイエットをする
3　ときどき目を休ませる　　　　4　筋肉を伸ばす運動をする

ことばと表現

□ 張る：swell ／筋肉发酸／căng

□ ジム／スポーツジム：gym ／健身房／phòng gym, phòng tập thể dục

□ ～で済ませる：make do with~ ／只～就可以。／chỉ … thôi, làm cho xong

★ 重要語をチェック！
「あらあら」「そりゃ」「とにかく」⇒ p.104

| 何の話？ | 男の人が首や肩が張って困っている話。 |

| 話の流れ | 首や肩が張ったときにいいと言われていることを話している。 |

| 質問文チェック | 「これからどうすればいいか」なので、今していないことで、新たにしたほうがいいことを探す。 |

| 注意点と答えの選び方 | 「運動」「目を休ませること」はしていること。「ダイエット」は必要ないこと。今までしていなかったことは「おふろに入る」こと。話の中では出てきていない言葉だが、「おふろで温まる」「シャワーだけで済ませてるけど」という言葉から予測できる。 |

キーワードをキャッチ
「体伸ばしたり、目を休ませたりしてる」「太ってない」「お風呂でゆっくり温まるのがいい」
「それは全然やってなかった……じゃ、早速」

練習 25
れんしゅう

(1) なかなか

① 返事しなきゃって思ってるけど、**なかなか**時間がとれなくて、まだしていない。
へんじ　　　　　　　おも　　　　　　　　　　　　　　じかん

② 病院で、**なかなか**名前が呼ばれなくて、順番を飛ばされたのかと思った。
びょういん　　　　　　　なまえ　よ　　　　　　　じゅんばん　と　　　　　　　おも

＊飛ばす：skip ／跳过／ bỏ qua
と

(2) かもね

① A「空が暗いね。雨が降るのかなあ。」
そら　くら　　あめ　ふ
　 B「**かもね**。」

② A「ぼく、あの先生に嫌われているのかもしれない。意見を言おうとしてもなかなか
せんせい　きら　　　　　　　　　　いけん　い
　　　指名してくれないし。」
しめい
　 B「なんか、先生が気に入らないことでもしてしまったの**かもね**。」
せんせい　き　い

(3) この流れ
なが

① **この流れ**で行くと、ビルは予定の３か月遅れで完成ということになる。
なが　い　　　　　　　　よてい　　げつおく　　かんせい

② **この流れ**で、次の試合も頑張りましょう。
なが　　　つぎ　しあい　がんば

練習 26
れんしゅう

(1) あらあら

① **あらあら**、そんなに泥だらけになって。いったい、どうしたの？
どろ

② **あらあら**、息子さん、いつの間にこんなに立派になられたんですか。
むすこ　　　　　ま　　　　　　りっぱ

(2) そりゃ

① １時までに用意してって言ったでしょう！　できてないなんて、**そりゃ**困るよ。
じ　　　　　ようい　　　　　い　　　　　　　　　　　　　　　　　　　こま

② **そりゃ**、私だって、海外旅行に行きたいですよ。でも、今回は温泉でいいんです。
わたし　　　かいがいりょこう　い　　　　　　　　　　こんかい　おんせん

(3) とにかく

① え⁉　お隣にボールが入ってお花を折っちゃった⁉　**とにかく**、謝りに行かないと。
となり　　　　はい　　はな　お　　　　　　　　　　　　あやま　い

② この計画がどうなるかは、**とにかく**、予算が出るかどうかにかかっている。
けいかく　　　　　　　　　　　　よさん　で

UNIT 4 比べるパターン
（くら）

Comparative patterns ／比较模式／ mẫu so sánh

1 何と何を比べているかを探る
（なに）（なに）（くら）（さぐ）

Understanding Outlines ／概要理解／ hiểu được khái quát

POINT

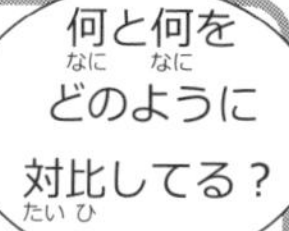

　概要理解では、ときどき、二つの物事を対比して話すというパターンが
（がいようりかい）　　　　　　　　（ふた）（ものごと）（たいひ）（はな）
あります。そのような場合は、対比がされる二つの関係をとらえることが
　　　　　　　　　　　　　（ばあい）（たいひ）　　　（ふた）（かんけい）
大切です。何と何が立場や見方が異なるか、注意しましょう。
（たいせつ）（なに）（なに）（たちば）（みかた）（こと）　　（ちゅうい）

When understanding an outline, there are sometimes patterns where two things are compared. In these cases, it is important to figure out the relationship between the two things being compared. Pay attention to what is different between the positions and points of view of the two things being compared. ／在概要理解方面，常常会出现对两个事物进行对比的说话模式。那种场合时，重要的是要抓住对比的两个事物的关系。注意什么与什么，立场及看法是否不同。／ Ở phần hiểu được khái quát, đôi khi sẽ có những mẫu là hội thoại so sánh hai sự việc. Với trường hợp này thì cần phải nắm bắt được mối quan hệ giữa hai sự việc được so sánh. Hãy chú ý rằng hai sự việc được so sánh là gì, chúng khác nhau như thế nào về lập trường hoặc cách nhìn.

EXERCISE

練習 27
（れんしゅう）

Disc 1
TR
41

Memo

2 一番言いたいことを考える
（いちばん）（い）（かんが）

Patterns about listening to themes ／针对话题的听力模式／ mẫu hiểu được chủ đề

POINT

　一つの話の中に、多くの例や説明が出てくることがあります。その
（ひと）（はなし）（なか）（おお）（れい）（せつめい）（で）
中で話し手の一番言いたいことは何かを考えます。一番言いたいこと
（なか）（はな）（て）（いちばん）（い）　　　（なに）（かんが）　　（いちばん）（い）
は繰り返し出てくることが多いです。同じ言葉は使っていなくても、
（く）（かえ）（で）　　　（おお）　（おな）（ことば）（つか）
同じ内容のものが繰り返されていることに気付くことが重要です。
（おな）（ないよう）　　　（く）（かえ）　　　　　　（きづ）　　　（じゅうよう）

Sometimes many examples or explanations appear in one conversation. When this happens, think about what the speaker most wants to talk about. The thing that the speaker most wants to say is often repeated. It is important to notice that the same thing is being said multiple times, even if the words used to say it are different. ／在一个话题中会出现很多的例子及说明，其中先要思考说话者最想说的是什么。最想说的会重复多次，即使不使用同样的词语，留意同样内容的重复出现也是非常重要的。／ Đôi khi đưa ra nhiều ví dụ hoặc giải thích trong một câu chuyện. Vì vậy hãy suy nghĩ xem với những ví dụ hay giải thích đấy thì người nói muốn nói điều gì nhất. Thường thì điều muốn nói nhất sẽ được đưa ra lặp lại nhiều lần. Cũng cần chú ý là dù cho không sử dụng cùng một câu thì cũng có thể lặp lại được cùng một nội dung.

EXERCISE

練習 28
（れんしゅう）

Disc 1
TR
42

Memo

練習 27　Disc 1 [B] 41　　　　　　正解：3

女の人が居間について話しています。

F：**日本の居間は家族が*のんびり*過ごす部屋ですが、ものが多く、*ごちゃごちゃしているのが普通*です。ところが、*外国から来た友人の居間*を見せてもらうと、*すっきり片付いて*いて、ものが少ないことにびっくりすることがあります。*友人たちは特別ではないと言います。**ものを増やさないという生活スタイルなんでしょうか。日本の居間は*ごちゃごちゃ*しているけど、そのほうが落ち着くし、手の届くところに何でもあって便利だという人もいます。もちろん、個人差もありますが、居間に対する考え方が違うのかもしれません。

日本人と外国の人の居間はどのように違いますか。
1　日本人の居間は片付いているが、外国の人の居間は片付いていない。
2　日本人の居間はものが少ないが、外国の人の居間はものが多い。
3　日本人の居間はあまりすっきりしていないが、外国の人の居間はすっきりしている。
4　日本人の居間は落ち着くが、外国の人の居間は落ち着かない。

ことばと表現

- □ **居間**：living room ／客厅／ phòng khách
- □ **すっきり**：必要のないものやあいまいなものがなく、気持ちいい様子。
- □ **ごちゃごちゃ**：A state where many things are mixed together in an unordered way. ／是各种东西杂乱无章的样子。／ Có quá nhiều thứ lộn xộn, không có trật tự.
- □ **個人差**：一人ひとりの違い。

★ 重要語をチェック！
「のんびり」「すっきり」「ごちゃごちゃ」⇒ p.108

何の話？	日本人の居間と外国の人の居間の対比。
話の流れ	日本人の居間はものが多くて、あまりすっきりしていないのに対して、外国の人の居間はすっきりしていることが多い。
質問文チェック	どのように違うか。
注意点と答えの選び方	日本と外国の対比であることを、早い段階でつかみ、挙げられている特徴がどちらの特徴か、注意する。

キーワードをキャッチ
「日本の居間は……ごちゃごちゃしているのが普通」
「外国から来た友人の居間……すっきり片付いて」「友人たちは特別ではないと言います」

練習 28  Disc 2 ①

リポーターが女の人に一人旅について聞いています。

M：長野さんは、一人旅によく行かれるんですね。

F：はい。でも一人旅**といっても**、団体旅行に参加するということなんです。友達や家族といったグループじゃなく、全員一人で参加する団体旅行があるんです。

M：ああ、それで一人旅。

F：**案内もしてもらえますし**、泊まるところや移動の**面倒な手続きもいらない**んです。

M：参加されて、どうですか。

F：初めは、誰とも話さないと食事の時とか寂しいかな、なんて思っていたんですが、みんなが一人で参加しているので、**かえって、話しやすい**んです。

M：ああ、**なるほど**。

F：で、夜は自分ひとりの部屋でゆっくり休みます。気の合った人との旅も好きなんですが、みんなの予定を合わせたり、ちょっとずつ我慢したり、気を遣うこともありますよね。でも、この場合、自分中心で行動できるので、**ストレスがありません**。**旅の一番の目的は心を解放してリラックスすること**だと思うんです。

女の人が一人旅の団体旅行に参加する一番の目的は何ですか。

1　旅行の面倒な手続きがいらないこと
2　いろいろな人と話ができること
3　夜、自分ひとりの部屋でゆっくり休めること
4　人に合わせたり気を遣ったりしなくてもいいこと

ことばと表現

□ **気が合う**：考え方や好みなどが同じで、うまく調子を合わせて付き合える。

★ **重要語をチェック！**

「といっても」「かえって」
「なるほど」⇒ p.108

何の話？	一人で参加する団体旅行の話

話の流れ	旅の特徴の説明→経験や感想→参加する理由

質問文チェック	女の人がこの旅に参加する一番の理由

注意点と答えの選び方	この旅の説明をしながら、普通の旅との違いを女の人は話している。その中で、参加する一番の理由は何か。「旅の一番の目的はリラックスすること」と言っている。それは「ストレスがないこと」⇒「自分中心で行動できる」⇒「人に合わせなくてもいい」につながっている。

キーワードをキャッチ　「案内もしてもらえますし、……面倒な手続きもいらない」「話しやすい」「ストレスがありません」
「旅の一番の目的は……リラックスすること」

練習 27
れんしゅう

(1) のんびり

① 休みになったら、温泉に行って、**のんびり**過ごしたいなぁ。
② そんなに**のんびり**やっていたら、時間までに終わらないよ。

(2) すっきり

① あら、髪を切って、**すっきり**したね。清潔感があって、いいよ。

＊清潔：hygienic ／清洁／ sạch sẽ

② なんで彼女が機嫌が悪いのか、ずっとわからなかったんだけど、これで**すっきり**したよ。
原因がわかった。

(3) ごちゃごちゃ

① ちょっと待って。一度にいろんなこと言われても頭が**ごちゃごちゃ**してわからない。
② この辺りは小さい店がいろいろあって、**ごちゃごちゃ**しているけど、活気があって、い
いね。

練習 28
れんしゅう

(1) といっても

① 店長はいつも元気で若く見えるでしょう。でも、若い**といっても**、もう 60 歳なんだって。
② 駅前**といっても**、お店もそんなにないし、静かなもんですよ。

(2) かえって

① お見舞いに行ったつもりが、病人のほうが元気で、**かえって**、励まされて帰ってきた。
② 高い物をプレゼントすると、**かえって**、気を遣わせてしまうかもしれないよ。

(3) なるほど

① A「コップをここに置いて、上のボタンをを押すと、お茶が出てきます。」
　B「**なるほど**。そうやって使うんですね。」
② A「量が多かったら、使わない分を冷凍すればいいんですよ。」
　B「**なるほど**。そうですね。」

「即時応答」は問題を聞いて、すぐに答えを選ぶ問題です。問題の本文は二人（男女）の会話形式で、一人の発話に対する適切な返答を、３つの選択肢の中から選びます。

⚙ 出題の基本パターン

問題はすべて音声のみで出題されます。問題用紙を開くと、問題の説明文と、「メモ」と書かれた白紙の部分があります。

文字情報

※この部分は文字だけでなく、音声もあります。

問題４

　この問題では、問題用紙に何も印刷されていません。まず文を聞いてください。それから、それに対する返事を聞いて、１から３の中から、最もよいものを一つ選んでください。

— メモ —

音声情報

　質問文はありません。まず、男女どちらかの一言（短い１〜２文）が流れ、次に３つの選択肢が流れます。

🔊

```
（例）M（男性）： もしもし、今どこ？
　　 F（女性）： 1　駅の南口。
　　　　　　　　 2　3時半。
　　　　　　　　 3　山田さん。
```

🐦 解き方のポイント

正解：1

　音声情報を聞く前に、情報は何もありません。会話文の初めの一文を集中して聞いて、どのパターンに当てはまるのか、何がポイントか、すぐに理解する必要があります。

　もし、試験の時に会話を聞いて「わからない」と思った場合は、その問題はあきらめて、気持ちを切り替えて次の問題を聞くことが大切です。

UNIT 1 縮約語のパターン
しゅくやくご

Patterns with shortened words ／简缩语模式／ mẫu nói tắt

POINT

縮約語 しゅくやくご	元の形 もと　かたち	例 れい
～てる	～ている	ご飯、食べてる。
～てて	～ていて	ちょっとここで待ってて。
～てく	～ていく	銀行に寄ってく。かさ、持ってく。
～とく	～ておく	お弁当、買っとく。
～といて	～ておいて	そうじしといて。
～とこ（う）	～ておこう	エアコンつけとこう。
～たげる	～てあげる	私が手伝ったげる。
～ちゃう／～ちまう	～てしまう	遅刻しちゃう。
～じゃう／～じまう	～でしまう	全部飲んじゃった。
～なきゃ	～なければ	早く帰らなきゃ。
～じゃん	～じゃないか	いいって言ったじゃん。
～かも	～かもしれない	おいしくないかも。
～んだ	～のだ	頭が痛いんです。
～やしない	～はしない	覚えられやしない。
～って	～という（ことだ）	テストは来週だって。
～ってば	～と言っているだろう	テストは来週だってば。
～っこない	～はずがない	100点なんて、とれっこない。
～っけ	～かな	会議はいつだったっけ。

EXERCISE

練習 29
れんしゅう

Memo

Disc 2
TR 2

練習 30
れんしゅう

Memo

Disc 2
TR 3

練習 29　Disc 2 ②　　　正解：3

M：こんな難しいこと、ぼくにでき**っこない**よ。
F：1　そうかなあ。できてるよ。
　　2　そうかなあ。できたよ。
　　3　そうかなあ。できるかもよ。

★ 重要語をチェック！
「〜っこない」

| 最初の発話 | 「わかりっこない」を聞き取る。「わかるわけがない」「わかるはずがない」の意味。 |

| 注意点と答えの選び方 | 「わかりっこある」という表現はない。「わかったげる」は「わかってあげる」、「わかっちゃうかも」は「わかってしまうかもしれない」の意味。 |

練習 30　Disc 2 ③　　　正解：2

F：安いから、ビール買っ**とこう**か。
M：1　そうだね、帰ったら冷蔵庫に入っ**てる**ね。
　　2　そうだね、帰ったら冷蔵庫に入れ**といて**ね。
　　3　そうだね、帰ったら冷蔵庫に入れ**ちゃった**ね。

★ 重要語をチェック！
「〜とこう」「〜てる」
「〜とく」「〜ちゃった」

| 最初の発話 | 「買っとこう」を聞き取る。「買っておこう」という意味。 |

| 注意点と答えの選び方 | 「入ってる」は「入っている」、「入れちゃった」は「入れてしまった」ので、どちらも「すでに入れてある状態」を示す。 |

| 重要語 | 使い方チェック！ |

〜っこない　　「〜はずがない」と同じ。

① こんなにたくさんの宿題、一日ででき**っこない**よ。
② 気にしなくてもいいよ、誰にもわかり**っこない**から。

〜とこう　　「〜ておこう」と同じ。

① 明日は時間がないから、今日買い物に行っ**とこう**。
② 明日テストがあるから、今日はゲームはやめ**とこう**。

UNIT 2 イントネーションのパターン

Patterns with shortened words ／简缩语模式／ mẫu nói tắt

♪ POINT

イントネーションの違いによって、会話文の意味が正反対に
なることがあります。

聞き分けられるように、トレーニングしておきましょう。

The meaning of something that is being said can become reversed depending on changes in intonation. Train yourself to be able to hear differences in intonation. ／根据语调会出现对话意思完全相反的情况。多做练习，加以区分。／ Có trường hợp với ngữ điệu khác nhau thì ý nghĩa của câu hội thoại sẽ bị biến đổi ngược lại. Vì vậy hãy luyện tập để có thể phân biệt được sự khác nhau này

EXERCISE

練習 31
れんしゅう

Memo

Disc 2

4

練習 32
れんしゅう

Memo

Disc 2
5

練習 31　Disc 2 　　　　　　　　　正解：1

F：どう？　これ**なんか**、いいんじゃない？

M：1　うん、いいね。

　　2　いや、いいんじゃない。（↘）

　　3　うん、よくない。

★ 重要語をチェック！

「なんか」

| 最初の発話 | 「いいんじゃない」の文末が上がっているので、「いいと思う」という意味。
＊文末：文の最後の部分。 |

| 注意点と答えの選び方 | 2の「いいんじゃない（↘）」は文末が下がっており、「よくない」という意味。
3は「ううん、よくない」なら正しい。 |

練習 32　Disc 2　　　　　　　　　正解：2

M：まだ何も食べたくない。（↘）

F：1　うん、食べたい。

　　2　じゃ、食べなくていいよ。

　　3　そう、何か食べようか。

| 最初の発話 | 「食べたくない」の文末が下がっているので、否定の意味になる。 |

| 注意点と答えの選び方 | 「食べたくない」の文末が上がっていれば、「食べたいと思いませんか」という意味になる。 |

| 重要語 | 使い方チェック！ |

なんか　軽く例を示すときや、あるものについて価値を下げて言うときに使う。

① 昼ご飯は、和食**なんか**どう？

② いつも偉そうなあいつ**なんか**と話したくない。

　＊偉そう（な）：自分は偉い（すぐれている、地位が高い）という態度をとる様子。

UNIT 3 指示語（こ・そ・あ・ど）のパターン

Patterns with indicatives（こ・そ・あ・ど）／指示词（こ・そ・あ・ど）模式／mẫu câu có từ chỉ định（こ・そ・あ・ど）

♪ POINT

会話の中には、指示語を使った表現で特別な意味を持つものがよく出てきます。意味を理解し、覚えておくことが大切です。

Expressions that use demonstratives and have special meanings often appear in conversations. It is important to understand and remember what they mean. ／会话中常有使用指示词而表达特殊意思的情况。理解其意思，记住其用法很重要。／ Trong hội thoại, thường hay xuất hiện những cách nói mang ý nghĩa đặc biệt bằng cách sử dụng từ chỉ định. Vì vậy việc hiểu được ý nghĩa và ghi nhớ chúng là rất cần thiết.

指示語を使った表現	例文
あれ	田中君、**あれ**、どこに入れたかな？ ―― 一番上の引き出しですよ。
それは／そりゃ　そうだ	田中さん、怒っているのかな。――**そりゃそうだ**よ。
それは／そりゃ　そうと	（話題を変える時）**それはそうと**、奥さんはお元気？
これと言って〜ない	彼は**これと言って**理由も**ない**のに、学校をやめてしまった。
そう言えば	田中さん、来ませんね。 ――**そう言えば**、用事があるって言ってたような気がする。
あちこち／あっちこっち	さいふを落として、**あちこち**探したが、見つからない。
どうなることかと思った	危なかったね。――うん、**どうなることかと思った**よ。
どうってことない	けがは大丈夫？――うん、**どうってことない**よ。
どういうつもり	彼女をだますなんて、**どういうつもり**なんだ？
どこまで	彼女の話が**どこまで**本当なのか、わからない。
そんなに／そう　〜ない	今日のテストは**そう**難しく**なかった**よ。
どんなに〜ても	**どんなに**高く**ても**、必要なら買います。

EXERCISE

練習 33

Disc 2
TR 6

練習 34

Disc 2
TR 7

Memo

Memo

練習 33　Disc 2 TR 6　　　　　　　正解：2

M：きのうは**あちこち**観光して、疲れたね。

F：1　そうね、一か所をゆっくり見たね。

　　2　そうね、いろんな所へ行ったね。

　　3　そうね、初めての所へ行ったね。

★ 重要語をチェック！

「あちこち」

| 最初の発話 | 「あっちとこっち」の２か所ではなく、「たくさんの場所」へ行った、という意味。 |

| 注意点と答えの選び方 | 「いろんな」は「いろいろな」と同じ。 |

練習 34　Disc 2 TR 7　　　　　　　正解：3

F：田中さんのこと、よく知ってるの？

M：1　一回会っただけで、こんなに知らない。

　　2　一回会っただけで、あんなに知らない。

　　3　一回会っただけで、**そんなに知らない**。

★ 重要語をチェック！

「そんなに〜ない」

| 最初の発話 | 「よく」は「詳しく」という意味。 |

| 注意点と答えの選び方 | 「そんなに〜ない」は「あまり〜ない」という意味で、この場合は「あまり詳しく知らない」という意味。 |

重要語　使い方チェック！

あちこち

例 引っ越しをしたいので、**あちこち**のマンションを見て回った。

そんなに〜ない

例 どのマンションも、**そんなに**家賃は高くなかった。

UNIT 4 応答がセットになっているパターン
おうとう

Patterns where replies are set ／答案成套模式／ mẫu câu hỏi-trả lời được sử dụng cố định

POINT

日常会話の質問と答えの中には、セットになっている表現があります。
にちじょうかい わ しつもん こた なか ひょうげん
これはあいさつのようなものですから、文法通りに答えると、不自然な日
ぶんぽうどお こた ふ しぜん に
本語になってしまいます。あまり多くないので、覚えてしまいましょう。
ほん ご おお おぼ

Certain expressions work as a set in questions and answers asked in daily conversation. These are similar to greetings, so responding according to grammatical rules will result in unnatural-sounding Japanese. There are not many of these, so try to memorize them. ／在日常会话和回答中常有成组成套的表现。这些如同寒暄语一样，按照语法来回答日语会变得很不自然。这样的惯用句不太多，请记住。／ Trong hội thoại hàng ngày, có những cặp mẫu câu hỏi-trả lời được sử dụng cố định. Giống như việc chào hỏi vậy, nếu trả lời theo đúng ngữ pháp thì sẽ làm cho câu tiếng Nhật không được tự nhiên nữa. Số lượng mẫu cố định như vậy cũng không nhiều lắm nên hãy ghi nhớ tất cả chúng.

最初の発話 さいしょ はつ わ	セットになっている返答 へんとう
寒くなりましたね。 さむ	そうですね。
日本語、上手ですね。 に ほん ご じょう ず	いいえ、まだまだです。
お出かけですか。 で	ええ、ちょっと（そこまで）。
病気が治ってよかったですね。 びょう き なお	はい、おかげさまで。
先日はどうも（ありがとうございました）。 せんじつ	どういたしまして。
いつもお世話になっております。 せ わ	こちらこそ（お世話になっております）。 せ わ
ごぶさたしております。	こちらこそ（ごぶさたしております）。
ようこそ。お茶はいかがですか。 ちゃ	どうぞ、おかまいなく。
お口に合うかどうか、わかりませんが。 くち あ	ありがとうございます、いただきます。
お先に失礼します。 さき しつれい	お疲れさまでした。 つか

＊口に合う：料理の味が好みに合う。
くち あ りょうり あじ この あ

EXERCISE

練習 35
れんしゅう

Disc 2
TR
8

Memo

練習 36
れんしゅう

Disc 2
TR
9

Memo

練習 35　Disc 2　TR 8
れんしゅう

正解：3
せいかい

M：無事に退院できて、よかったですね。
　　ぶじ　たいいん
F：1　はい、よかったんです。
　　2　はい、退院したんです。
　　　　　　たいいん
　　3　はい、**おかげさまで**。

📖 ことばと 表 現
　　　　　　　ひょうげん
□ **無事に**：問題なく
　　ぶじ　　もんだい

★ 重 要 語をチェック！
　　じゅうようご
「おかげさまで」

最初の発話　相手の退院を喜んで声をかけている。
さいしょ はつわ　あいて　たいいん よろこ　　こえ
▼
注 意点と　相手の言うことを繰り返すのではなく、決まっている表現でお礼を言うとよい。
ちゅういてん　あいて　い　　　　く　かえ　　　　　　き　　　　　　ひょうげん　れい　い
答えの選び方
こた　えら かた

練習 36　Disc 2　TR 9
れんしゅう

正解：1
せいかい

F：さあ、どうぞ座ってください。今、コーヒーをいれます
　　　　　　すわ　　　　　いま
　から。
M：1　どうぞ、**おかまいなく**。
　　2　ええ、そうですね。
　　3　飲み物はいらないんです。
　　　の　もの

★ 重 要 語をチェック！
　　じゅうようご
「おかまいなく」

最初の発話　自分の家や事務所に来たお客さんを歓迎するときの表現。
さいしょ はつわ　じ ぶん いえ じ むしょ き　きゃく　　かんげい　　　　ひょうげん
▼
注 意点と　コーヒーが好きかどうか聞かれていないので、2はよくないし、3のようにはっきり断
ちゅういてん　　　　　　す　　　　　　き　　　　　　　　　　　　　　　　　　　　　　　　　ことわ
答えの選び方　るのも失礼になる。
こた　えら かた　　　　しつれい

重要語	使い方チェック！
じゅうようご	つか かた

おかげさまで　相手のおかげでなくても、心配してくれたことに対してお礼を言うときに使う。
　　　　　　　　あいて　　　　　　　　　しんぱい　　　　　　　　たい　　れい い　　　つか

例 **おかげさまで**、無事に赤ちゃんが生まれました。
　　　　　　　　ぶじ　あか　　　　　う

おかまいなく　「自分に気をつかわないでほしい」と遠慮する表現。
　　　　　　　　じぶん き　　　　　　　　　　えんりょ　ひょうげん

例 すぐに失礼しますから、どうぞ**おかまいなく**。
　　　しつれい

UNIT 5 理由を言うパターン
りゆう　い

Patterns where the reason is said ／说明理由模式／ mẫu hiểu được lý do

POINT

　実際の会話では、質問や誘いの言葉にはっきり答えない場合がよくあります。多くの場合、理由だけを言うのですが、これは、否定的な答えを相手に想像させるために行います。はっきり否定すると相手に失礼になると考え、間接的に否定するのです。

There are often cases in real conversations where you can not give a clear answer to a question or invitation. In many cases, only the reason is given, and this is to make the person being spoken to imagine a negative reply. This negative reply is given indirectly because of the thought that a clear negative reply could be rude. ／在实际的会话中，经常会出现不能直截了当地回答其提问或劝诱的场合。多数是只说理由，让对方去想象其否定的回答。直接的否定对有所失礼，所以使用间接否定。／ Trong hội thoại thực tế, có nhiều trường hợp người nói không trả lời rõ ràng khi được hỏi hay được mời. Thường thì người nói sẽ chỉ đưa ra lý do để cho người nghe suy đoán được câu trả lời là từ chối. Vì nghĩ rằng việc từ chối một cách rõ ràng là không được lịch sự nên cần từ chối một cách dán tiếp.

EXERCISE

練習 37
れんしゅう

Disc 2
TR 10

Memo

練習 38
れんしゅう

Disc 2
TR 11

Memo

練習 37　Disc 2　R10　　　　　　正解：1

M：来週の水曜日、残業してほしいんですが。
F：1　幼稚園の**お迎え**があるんです。
　　2　残業があるんです。
　　3　来週の水曜日なんです。

★ 重要語をチェック！
「お迎え」

| 最初の発話 | 上司が部下に残業を頼む表現。 |
| 注意点と答えの選び方 | 残業できるかどうか、上司が推測できるような答えを選ぶ。 |

練習 38　Disc 2　R11　　　　　　正解：3

M：お金は僕が出すから、正月に海外に行こうよ。
F：1　私、お金がないのよ。
　　2　私、休みがとれたのよ。
　　3　私、夏に行きたいのよ。

| 最初の発話 | 海外旅行に誘う表現で、条件として「お金は僕が出す」と「正月」をあげている。 |
| 注意点と答えの選び方 | 3は「正月には行きたくない」という意味で、間接的に断る表現。
1は男性の言う条件に合わない。 |

重要語　使い方チェック！

お迎え　迎えに行くこと。特に保育所や幼稚園、病院などに子どもや老人を迎えに行く場合によく使う。

例　仕事があるので、子どもの幼稚園の**お迎え**は主人の母に頼んでいます。

UNIT 6　意味が複数あるパターン
いみ　ふくすう

Patterns with multiple meanings ／多重意思模式／ mẫu hội thoại có nhiều lý do

POINT

文字で見ると同じなのに、会話の場面によって違う意味に
もじ　み　おな　かいわ　ばめん　ちが　いみ
なる言葉があります。しっかり意味を覚えておかなければ、
ことば　いみ　おぼ
会話の流れがまったくわからなくなるので、注意しましょう。
かいわ　なが　ちゅうい

There are some words that are the same when written but have different meaning when spoken depending on the situation. You will become completely lost in a conversation if you don't firmly understand the meaning of these words, so be careful. ／文字相同，可是在对话中却出现意思不同的词语。不牢牢地掌握其意思，就不会理解其对话的内容，要注意。／ Có một số từ nếu chỉ nhìn vào cách viết thôi thì thấy là cùng một từ, nhưng tùy vào hoàn cảnh của hội thoại mà sẽ thành từ mang ý nghĩa khác. Vì thế cần phải chú ý rằng nếu không nhớ được rõ ràng ý nghĩa của từ đó thì có thể sẽ hoàn toàn không hiểu được diễn biến của hội thoại.

	使い方の例	意味・場面
すみません	a　**すみません**、お水、ください。	声をかける場面
	b　遅れて**すみません**。	ごめんなさい
	c　手伝ってもらって、**すみません**。	ありがとう
よろしく	a　ワンです。**よろしく**（お願いします）。	今後のつきあいを頼む場面
	b　お父さんに**よろしく**（お伝えください）。	厚意を伝えてほしい
	c　あとは**よろしく**（お願いします）。	お任せします
どうも	a　これ、プレゼントです。──**どうも**。	ありがとう
	b　**どうも**ありがとうございます。	本当に
	c　**どうも**調子が悪い。	理由ははっきりしないが
	d　初めまして。──**どうも**。	会ったときのあいさつ
どうぞ	a　**どうぞ**食べてください。	勧める場面
	b　**どうぞ**協力をお願いします。	頼む場面
いい	a　山田さんは**いい**人です。	優しい、悪いことをしない
	b　彼女は人が**いい**。	性格がいい、だまされやすい
	c　今日は、昼ご飯は**いい**よ。	いらない
	d　私は、これが**いい**。	選ぶ場面
	e　**いい**なあ、世界旅行か……。	うらやましい
	f　**いい**値段ですね。	高い
ちょっと	a　このシャツは**ちょっと**小さい。	少し
	b　映画を見ませんか。──映画は**ちょっと**……。	遠回しに、おだやかに断る場面
	c　このドラマは**ちょっと**いいから、ぜひ見てみて。	かなり、なかなか

EXERCISE

練習 39
れんしゅう

Disc 2
TR **12**

練習 40
れんしゅう

Disc 2
TR **13**

Memo　　　　　　　　　　Memo

PART ❶ 基礎編
PART ❷ 対策編
課題理解　ポイント理解　概要理解　即時応答　統合理解
PART ❸ 模擬試験
試験に出る言葉

練習 39 Disc 2 12　　　　　　　　　　　　正解：2

M：先生、今、**ちょっと**よろしいでしょうか。
F：1　ちょっといいですよ。

　　2　今は**ちょっと**……。

　　3　先生はいいですか。

★ 重要語をチェック！
「ちょっと」

最初の発話	相手の都合を聞く表現。
注意点と答えの選び方	「ちょっと」でなく「ちょっとなら」の場合は1も正しいが、「都合が悪いこと」を示す2が正解。

練習 40 Disc 2 13　　　　　　　　　　　　正解：1

M：あれ？　お昼なのに、ご飯食べないの？
F：1　私**はいい**わ。お腹すいてないから。

　　2　いいの。朝、食べなかったから。

　　3　私が作ってもいいわ。料理は得意だから。

★ 重要語をチェック！
「〜はいい」

最初の発話	「〜のに」とあるので、男性は意外だと思っている。 ＊意外(な)：unexpected ／以外／ ngoài dự tính, không ngờ đến
注意点と答えの選び方	「私はいい」は「私はいらない」という意味の表現。2は食べないことの理由になっていない。

重要語	使い方チェック！

ちょっと　「よくない」「都合が悪い」ことを遠回しに伝える言い方。

例　今日中は**ちょっと**……。明後日まで待ってもらえませんか。

〜はいい　「〜は必要ない」という意味。

例　挨拶**はいい**から、早く乾杯しましょう。

UNIT 7 省略のパターン
しょうりゃく

Patterns with abbreviations ／省略模式／ mẫu câu lược bỏ

♪ POINT

　会話の途中で話を止めたり、文を最後まで言わなかったり、あとの部分を省略する表現があります。言いにくいことを話すときによく使いますが、会話の流れから後の展開を推測します。接続の言葉（「が」「けど」「のに」「だから」「ので」など）のあとの省略や、「〜わけには……（いかない）」「そんなはずは……（ない）」など、文型が途中から省略された形もよく使います。

There are expressions that may stop the middle of a conversation, not continue a sentence to its end, and abbreviate the remainder of a sentence. These are often used when discussing something that is hard to talk about, but listeners can understand what would come next based on the flow of the conversation. Abbreviations often follow conjunctions (「が」「けど」「のに」「だから」「ので」etc) and mid-sentence after terms like「〜わけには……（いかない）」「そんなはずは……（ない）」／会话中有中断其对话，或不说到最后，或省略后面的部分这样的表现。特别是难以启口的话经常出现，要从会话的流程中推测后面的意思。接续词（「が」「けど」「のに」「だから」「ので」等）后面的被省略，或用「〜わけには……（いかない）」「そんなはずは……（ない）」等中途省略的形式。／ Có những trường hợp sẽ dừng hội thoại giữa chừng, không nói hết câu hay lược bỏ phần còn lại. Kiểu này thường được sử dụng trong trường hợp nói chuyện về những điều khó nói được bằng lời, vì vậy việc suy đoán nội dung muốn nói phía sau từ những diễn biến của hội thoại là cần thiết. Cũng hay sử dụng các kiểu lược bỏ như lược bỏ phần sau của các liên từ (「が」「kẹ̀d」「のに」「だから」「ので」v.v..), lược bỏ phần cuối của các mẫu câu 「〜わけには ...... （いかない）」「そんなはずは……（ない）」v.v..

EXERCISE 🖊

練習 41
れんしゅう

Disc 2
TR 14

Memo

練習 42
れんしゅう

Disc 2
TR 15

Memo

練習 41　Disc 2 TR 14　　　正解：1

F：よかったら、晩ご飯もうちで食べて帰ってください。ご遠慮なく。

M：1　いいえ、そんな**わけには**……。

　　2　いいえ、そんな**はずは**……。

　　3　いいえ、そんなことでは……。

★ 重要語をチェック！

「〜わけにはいかない」「〜はずはない」

最初の発話	家に来た客に、晩ご飯をすすめる表現。
注意点と答えの選び方	「男性の厚意に甘えることはできない」という意味なので、「〜わけにはいかない」の省略になる1を選ぶ。

練習 42　Disc 2 TR 15　　　正解：3

M：こんな時間までどこにいたんだ？　何度も電話したのに。

F：1　よかった、電話が通じたのね。

　　2　そうなの？　携帯を買い替えたの？

　　3　ごめん、携帯の電池が切れちゃってて……。

最初の発話	男性は「女性がなかなか来なかったし、電話にも出なかった」と怒っている。
注意点と答えの選び方	連絡できなかった理由を話して謝っている3を選ぶ。

重要語	使い方チェック！

〜わけにはいかない　理由があって、当然〜できない

例　いつも田中さんにはお世話になっているから、頼みを断る**わけにはいかない**。

＊頼み：request ／依頼／ nhờ vả, yêu cầu

〜はずはない　確かな根拠があるので、「〜ことはない」と予測できる。

UNIT 8 擬音語・擬態語のパターン

ぎおんご　ぎたいご

Patterns with onomatopoeias/mimetic words ／拟声词・拟态词模式／ mẫu từ tượng thanh, từ thượng hình

POINT

「擬音語」は音、「擬態語」は「様子や形」「人の態度」について、細かいイメージを感覚的に表す言葉です。「擬音語・擬態語」を使うと、感情や様子を生き生きと表現することができます。代表的なものを覚えて、使ってみましょう。

「擬音語」are words that expression sound, while「擬態語」are words that emotively express detailed images such as appearance and form, or someone's attitude. Using onomatopoeias and phenomimes will allow you to vividly express feelings and states. Remember some of the most representative ones and try using them. ／「擬音語（象声词）」是对声音，「擬態語（拟态词）」是对「样子及形态」「人的态度」，将其细节的印象用感觉来表达的语言。使用「象声词・拟态词」，可以将感情及其样子栩栩如生地表现出来。记住并使用其代表性的象声词及拟态词。／ Các từ「擬音語 (từ tượng thanh)」mô tả âm thanh,「擬態語 (từ tượng hình)」mô tả "tình hình hay hình dáng" hoặc "thái độ của một người, là các từ thể hiện hình ảnh chi tiết một cách cảm giác. Nếu sử dụng "từ tượng thanh, tượng hình" thì có thể mô tả được tình cảm, tình hình một cách sinh động. Hãy nhớ và thử sử dụng những từ tiêu biểu.

気持ち	わくわく	初めて日本に行く日の前日は、**わくわく**して眠れなかった。
	どきどき	面接試験の前は緊張して、**どきどき**した。
	くよくよ	失敗したことを**くよくよ**するより、これからどうするか考えよう。
	いらいら	バスがなかなか来ないので、**いらいら**した。
様子	きらきら	ダイヤのネックレスが**きらきら**光っている。
	ふわふわ	このパンはやわらかくて、**ふわふわ**だ。
	どっと	映画が終わって、人が**どっと**出てきた。
	しーんと	学生は誰も何も話さず、教室は**しーんと**していた。
	ぴったり	その子はお母さんに**ぴったり**くっついて歩いていた。
	ぎっしり	彼のさいふには、一万円札が**ぎっしり**入っていた。
	ちらっと	ドアが少し開いていたので、通る時に彼の姿が**ちらっと**見えた。
	びしょびしょ	急に雨が降ってきて**びしょびしょ**になってしまった。
行動	こっそり	授業中**こっそり**携帯を見ていたら、先生に見つかってしまった。 ＊携帯（電話）：mobile (phone) ／手机／ điện thoại di động
	うろうろ	ビルの入り口がわからなくて、周りを**うろうろ**した。
	のろのろ	うちの犬は年寄りなので、いつも**のろのろ**と歩いている。
	ごろごろ	休みの日は、家で**ごろごろ**していたい。

EXERCISE

練習 43　　Disc 2 ⑯

練習 44　　Disc 2 ⑰

Memo

Memo

練習 43　Disc 2 TR 16　　　　　　　　正解：3
れんしゅう　　　　　　　　　　　　　　　　　　　　せいかい

M：来週の旅行、楽しみだね。
らいしゅう　りょこう　たの
F：1　そうね、**いらいら**するわ。
　　2　そうね、**くよくよ**するわ。
　　3　そうね、**わくわく**するわ。

★ 重要語をチェック！
　　じゅうようご
「いらいら」「くよくよ」「わくわく」

最初の発話 さいしょ　はつわ	男性は「楽しみだ」と言って同意を求めている。 だんせい　たの　　　　い　　どうい　もと
注意点と ちゅういてん 答えの選び方 こた　えら　かた	1・2では男性に同意していることにならない。 だんせい　どうい 期待していることを示す3が正解。 きたい　　　　しめ　　せいかい

練習 44　Disc 2 TR 17　　　　　　　　正解：2
れんしゅう　　　　　　　　　　　　　　　　　　　　せいかい

M：ここに来るとき、道に迷っちゃってね。
く　　　　みち　まよ
F：1　それで、バスが**のろのろ**走ってたのね
はし
　　2　それで、駅前を**うろうろ**していたのね。
えきまえ
　　3　それで、家で**ごろごろ**していたのね。
いえ

★ 重要語をチェック！
　　じゅうようご
「のろのろ」「うろうろ」「ごろごろ」

最初の発話 さいしょ　はつわ	男性は「ここまでの道がわからなかった」と話している。 だんせい　　　　　　　みち　　　　　　　　　はな
注意点と ちゅういてん 答えの選び方 こた　えら　かた	道に迷ったために、どうなったかを言っている答えを選ぶ。 みち　まよ　　　　　　　　　　い　　　　　こた　えら 1は渋滞のため、3は疲れていたため、と考えられる。 じゅうたい　　　　つか　　　　　　　かんが

重要語 じゅうようご	使い方チェック！ つか　かた

わくわく　何かを期待して、気持ちがたかぶるようす。
なに　　きたい　　　きも

例 彼女からもらったプレゼントを開けるときは、**わくわく**します。
　かのじょ　　　　　　　　　　　　あ

うろうろ　目的がなく、歩き回るようす。
もくてき　　　あるまわ

例 小学校の周りを**うろうろ**していたら、警備員に「入れませんよ」と言われた。
　しょうがっこう　まわ　　　　　　　　　　けいびいん　はい　　　　　　　い

UNIT 9 慣用表現のパターン
かんようひょうげん

Patterns with common phrases ／慣用表現模式／ mẫu thành ngữ

POINT

日本語には、多くの慣用表現があります。元の言葉の意味を組み合わせるだけでは、意味が理解できないものもあるので、代表的なものは覚えてしまいましょう。

Japanese has many idiomatic expressions. Some cannot be understood by simply combining the meaning of the original words used, so try to remember the most representative ones. ／日语中有很多惯用表现。只将原来词语的意思组合起来是不能理解其意思。记住其有代表性惯用句。／ Trong tiếng Nhật có rất nhiều thành ngữ. Nếu chỉ ghép nghĩa của các từ gốc lại với nhau thôi thì sẽ không thể hiểu được, vì thế hãy ghi nhớ những câu tiêu biểu.

頭 あたま	a	彼は、週末ごとに地震の被災地でボランティアをしているんだって。**頭が下がる**ね。
	b	彼は奥さんに**頭を下げて**、仕事を辞めて大学院に行くことを許してもらった。
	c	卒業するまで親に全部学費を出してもらったので、**頭が上がらない**んですよ。
	d	友だちにひどいことを言われて、**頭にきて**なぐってしまったんです。
	e	父は**頭が固くて**、新しいやり方を受け入れられないみたいです。
目 め	a	山田さんはテキストに一度**目を通す**だけで、ほとんど覚えちゃうらしいよ。
	b	彼女のファッションはいつも**目を引きます**ね。
	c	彼は甘いものが好きで、特にケーキには**目がない**んですって。
	d	週末はお客さんが多くて、**目が回る**ほど忙しかった。
	e	この歌を聞くと、国の友だちの姿が**目に浮かびます**。
口 くち	a	どうして食べないの？　——ちょっと、**口に合わない**んです。
	b	そんなに乱暴な言葉、**口にする**ものじゃない。
	c	母が私の就職活動についていろいろ**口を出して**くるので、困っています。
	d	彼は**口がうまい**から、だまされないようにね。
手 て	a	一番下の子どもは元気が良すぎて、とても**手がかかる**んです。
	b	試験の結果が気になって、仕事が**手につかない**よ。
	c	午前中は忙しくて**手が離せない**から、会うのは午後からでもいい？
	d	彼女は欲しいものは何でも**手に入れる**人です。
	e	必要なときはいつでも**手を貸す**から、言ってくださいね。
気 き	a	明日のデートは、なんだか**気が進まない**。
	b	子どもたちに母親の入院の話をしなければならないので、**気が重い**。
	c	息子は第一志望の大学はだめだったけど、**気を落とさない**でがんばっています。
	d	父と**気が合わなかった**ので、家ではあまり話さなかった。
	e	病気の父のことが**気にかかって**、勉強に集中できません。

EXERCISE

練習 45
れんしゅう

Disc 2
R 18

練習 46
れんしゅう

Disc 2
R 19

Memo

Memo

練習 45 Disc 2 TR 18 正解：2

F：昨日の試合、また負けちゃったんです。

M：1　**気が合わなくても**、練習してね。
　　2　**気を落とさないで**、また練習がんばってね。
　　3　**気にかかる**ね、でも練習したらいいよ。

★ 重要語をチェック！
「気が合う」「気を落とす」「気にかかる」

最初の発話	「負けちゃった」が残念な気持ちを表している。
注意点と答えの選び方	「負けてもがっかりしないで、練習したらいい」と慰めているものを選ぶ。 ＊慰める：console ／安慰／ an ủi

練習 46 Disc 2 TR 19 正解：1

M：田中さん、会社が倒産して、結局、奥さんの実家の会社で働くことになったって。

F：1　これから奥さんに**頭が上がらない**ね。
　　2　奥さんの実家が**頭を下げた**んだね。
　　3　奥さんの実家にね。**頭が下がる**ね。

★ 重要語をチェック！
「頭が上がらない」「頭を下げる」
「頭が下がる」

最初の発話	「奥さんの実家 の世話になることになった」という状況を表している。
注意点と答えの選び方	2も「奥さんの実家 に 頭を下げた」なら正しい。 3は尊敬するようなことではないので、「頭が下がる」は使えない。

重要語	使い方チェック！

気が合う　考え方や好みなどが自分と似ていて、付き合いやすい。

例 田中さんとは**気が合う**から、一緒に買い物に行ったり、旅行に行ったりします。

気を落とす　がっかりして、元気がなくなる。

例 友だちは、かわいがっていた犬が死んでしまって、すっかり**気を落とし**ている。

気にかかる
心から離れず、心配になる。

例 そのことが**気にかかって**、勉強に集中できないんです。

頭が上がらない
ずっと感謝して遠慮しなければならない。

例 父は若い頃、ずっと経済的に母に助けてもらっていたので、今でも**頭が上がらない**。

頭を下げる
謝る。おじぎをする。相手に敬意を示す。

例 むこうが悪いんだから、こっちから**頭を下げる**つもりはない。

頭が下がる
自分にはまねできない人の行動や態度に対して、尊敬の気持ちとともに深く感心する。

例 危険な場所で一人でも多くの人を助けようとしている彼らには、本当に**頭が下がる**。

PART ❶ 基礎編

PART ❷ 対策編

課題理解 ポイント理解 概要理解 即時応答 統合理解

PART ❸ 模擬試験

試験に出る言葉

 覚えておこう

出題が予想される場面・話題・質問

予想される会話の場所と会話の相手

友達や家族など、親しい間での短い会話が多い。

- 場所は不明…親しい間での会話（友達や家族などが相手）。
- 学校…学生と先生、学生同士、学生と職員。
- オフィス…部下と上司、同僚同士。
- 店・公共施設…客と店員、利用者と職員。
- 街の中…知らない人と。

＊職員：staff member ／职员／ nhân viên 　　＊公共施設：public facilities ／公共设施／ cơ sở công cộng

予想される組み合わせのパターン

- 依頼する・お願いする　⇒応じる、（柔らかく）断る、謝る
- 希望・意志を伝える　⇒了解する
- 誘う・勧める・提案する　⇒応じる、（柔らかく）断る、礼を言う・謝る
- 心配する・励ます　⇒礼を言う
- 注意する・助言する　⇒了解する、礼を言う
- 指示する　⇒了解する、確認する
- 尋ねる・質問する　⇒答える・説明する、わからない（と伝える）
- 不満や愚痴を言う・文句を言う　⇒励ます、謝る
- 残念がる・悔やむ　⇒心配する・励ます
- 日常的な挨拶をする　⇒決まり文句
  （会った時、別れる時、帰る時、電話で話す時）

＊励ます：encourage ／鼓励／ động viên 　　＊礼を言う：congratulate ／感谢／ nói lời cảm ơn

＊了解（する）：(to) understand ／知道／ hiểu rõ 　　＊決まり文句：set phrase ／惯用句／ cụm từ cố định

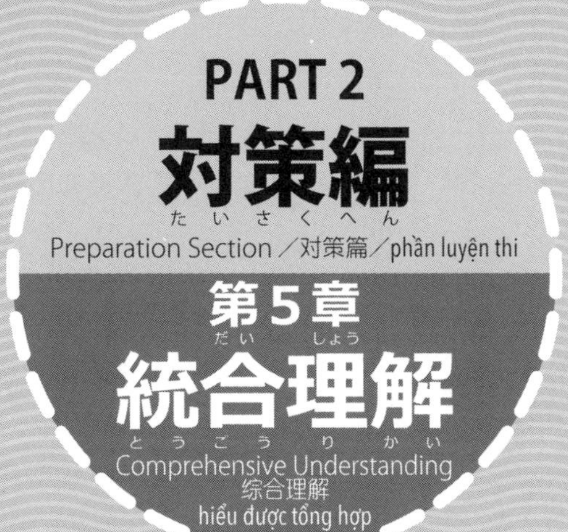

UNIT 1 　会話の流れを読むパターン
かいわ　　なが　　　よ
Patterns where the flow of a conversation is read ／读对话流程模式／ mẫu hiểu được diễn biến của hội thoại

1 　2人以上が1つのことについて話すパターン
ふたりいじょう　　　　　　　　　　　　　　　はな
Patterns where the flow of a conversation is read ／读对话流程模式／ mẫu hiểu được diễn biến của hội thoại

2 　3人がばらばらの立場で話すパターン
にん　　　　　　　　たちば　はな
Patterns where three people talk about their separate standpoints
／三个人站在各自立场说话模式／ mẫu hội thoại giữa ba người với lập trường khác nhau

UNIT 2 　1人の話を受けて、2人が会話するパターン
ひとり　　はなし　　う　　　　　　ふたり　　かいわ
Patterns where two people talk having heard one person say something
／接着一个人的话，两个人对话模式／ mẫu hội thoại giữa hai người sau khi nghe một người nói chuyện

1 　条件が単純にプラスされていくパターン
じょうけん　たんじゅん
Patterns where conditions are simply added ／条件被单纯增加模式／ mẫu hiểu được các điều kiện được thêm vào một cách đơn giản

2 　優先する条件を聞き取るパターン
ゆうせん　　　じょうけん　き　と
Patterns where conditions to be prioritized are listened for ／听取优先条件模式／ mẫu hiểu được một điều kiện được ưu tiên

3 　それぞれの目的に合わせるパターン
もくてき　あ
Patterns where various goals are met ／迎合各自目的模式／ mẫu chọn câu trả lời đúng cho từng mục đích

4 　多くの情報から必要な情報を聞き取るパターン
おお　　　じょうほう　　ひつよう　じょうほう　き　と
Patterns where essential information is listened for among a large amount of information
／从众多情报中听取必要情报模式／ mẫu hiểu được một số thông tin cần thiết trong rất nhiều thông tin

❓ どんな問題？

「統合理解」は、少し長い話を聞いて、その中にある情報をまとめながら要点を理解する「力」を問う問題です。質問文は話を聞いたあとで流れるので、「何が問われるか」「何に関することか」、ある程度予想しながら聞くといいでしょう。

⚙ 出題の基本パターン

問題のパターンは2つあります。

(1)のパターン

2人以上の少し長い会話を聞きます。質問は1つで、選択肢も音声だけで示されます。

文字情報

※この部分は文字と音声の両方です。

問題5

この問題では、長めの話を聞きます。この問題には練習はありません。

メモをとってもかまいません。

1番、2番

問題用紙に何もいんさつされていません。まず話を聞いてください。それから、質問とせんたくしを聞いて、1から4の中から、最もよいものを1つ選んでください。

— メモ —

音声情報

【状況文】だれがどこで話しているのかを聞き取ります。

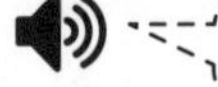

男の人2人と女の人1人が会社の研修について話しています。

【会話文】2〜3人の長い会話が流れます。

F：　来月の研修は、土曜の朝10時に松本駅に集合だったよね。何で行くの？

M1：ぼくは前の日の夜にアルバイトがあるから、朝一番の新幹線で名古屋まで行って、特急に乗り換えるよ。

F：　え〜、朝イチなんて起きられる？　私は金曜の夜に出る夜行バスにしようかなあ。たしか朝7時ごろに着くはず。安いし、3列タイプなら、となりの人と離れているから、ゆっくり寝て行けるし。

M2：ぼくもそうしようと思って調べたんだけど、金曜の３列はもう売り切れで４列タイプしか残ってなかったから、そっちを予約したよ。

F：ええ？ ショック！ じゃあ、私も土曜の新幹線にしようかなあ。４列じゃ狭いし、知らない男の人ととなりになったら、いやだもの。

M2：いや、それは大丈夫だよ。別々に予約した男女はとなりにならないようにするって、書いてあったから。

F：そうなの？ それなら安心か……。

M2：ゆっくり寝たいなら、金曜に新幹線で行ってホテルをとるとか。

F：それは無理、無理。そんなことしたら、余計なお金がかかるでしょう。新幹線で行くなら、当日の朝にする。

M1：でも、早起きは苦手だろう？ 寝坊したらまずいよ。

F：そうね、やっぱり自信ない。じゃ、今からネットで予約する。

＊夜行：電車やバスが夜に走ること。　＊列：row ／行、列／ hàng, dãy
＊余計（な）：必要なく余っている。　＊シート：座席。

　長い会話のあとに、質問文と４つの選択肢が流れます。問題用紙に選択肢はありません。音声を聞いて、最もよい答えを１つ選んでください。

【質問文】

女の人は何で行きますか。

【選択肢】

| 1 | 金曜日の３列シートの夜行バス | 2 | 金曜日の４列シートの夜行バス |
| 3 | 金曜日の新幹線 | 4 | 土曜日の新幹線 |

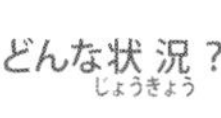 解き方のポイント

正解：2

この問題では、質問も選択肢も、長い会話を聞き終わるまでわかりません。
① 何がテーマになっているのか。
② 一人ひとりの意見や状況はどう違うか。
③「比べる条件やポイントはどこか」に注意して、メモをとりながら聞きましょう。

どんな状況？	男性２人はと女性１人が、目的地までどうやって行くか、話している。３人は一緒に行くのか、別々に行くのか。どんな行き方があるのか。
↓	
何がテーマ？	男性２人はもう決めている。女性はどうするか。
↓	
注意点と答えの選び方	新幹線、バス４列シート、バス３列シートの条件をメモして、〇×をつける。「（早起きは）自信がない」がキーワードになる。

133

⑵のパターン

　1人の説明を聞いたあとで、それについての別の2人の会話を聞きます。質問は2つで、答えの選択肢は文字で示されます。まず、質問1と2の選択肢を見て、何についての質問なのかを想像します。選択肢は同じ内容であることが多いので、話している人の意見や立場の違いに注意して聞きましょう。また、〈それぞれの質問がだれについて聞いているものか〉間違えないようにしましょう。

文字情報

質問1の選択肢と質問2の選択肢を読んで、どんなトピックなのかを推測します。選択肢は同じ内容ですが、二人の意見や立場、状況は異なる（※同じ選択をする可能性もある）ので、注意します。それぞれの質問が誰のことを聞いているのか、しっかり聞き取りましょう。

＊トピック：topic ／話題／ chủ đề　＊推測(する)：guess ／推測／ suy đoán

※この部分は文字と音声の両方です。

3番
　まず、話を聞いてください。それから2つの質問を聞いて、それぞれの問題用紙の1から4の中から、最もよいものを1つ選んでください。

質問1
1　老人施設で劇をする
2　老人施設で物語を読む
3　幼稚園でスピーチをする
4　幼稚園でゲームをする

質問2
1　老人施設で劇をする
2　老人施設で物語を読む
3　幼稚園でスピーチをする
4　幼稚園でゲームをする

音声情報

【状況文】だれがどこで話しているのかを聞き取ります。

日本語学校で先生が話しています。

【会話文】2〜3人の長い会話が流れます。

F1：今年の会話の授業では、最後に、クラスを2つのグループに分けて、発表をします。1つはお年寄りの施設を訪問するグループで、もう一つは小さい子どもたちがいる幼稚園を訪問するグループです。
　　発表の内容は、グループで話し合って決めてください。例えば、昔話の絵本を

読んだり、劇をしたり、ゲームをしたりしてもいいですし、スピーチで皆さんの国の有名なものを紹介してもいいでしょう。発表の時間は30分で、そのあと、おやつを食べながら、おしゃべりをして交流します。

お年寄りの中には耳が遠い人もいらっしゃるし、子どもたちはつまらないとすぐに退屈してしまいます。楽しんでもらえるように、内容を工夫して、大きい声ではっきりとわかりやすく話すことが大切です。

ではまず、どちらを訪問したいか、2つのグループに分かれてください。

M：へえ、なんかおもしろそうだね。どっちに行く？

F2：私は福祉に関心があるから、お年寄りの施設に行ってみたい。私の国の昔話を日本語にして読んだらいいと思うんだけど。

M：ただ読むだけ？　劇の方がわかりやすいよ。

F2：でも、何も見ないで全部覚えて言うのは難しいな。大きな絵を用意して、それを見せながら読めばいいと思う。リンさんは幼稚園？

M：うん、ぼくの国のことを知ってもらいたいんだけど、子どもたちに自分の日本語が通じるか、ちょっと心配。

F2：そうね、子どもって正直だから「わからないよ〜」なんて言われるかも。

M：うーん、それはいやだなあ。

F2：一方的に話すんじゃなくて、クイズ形式のゲームにしてみたら？

M：そうだね。チームで競争させるとかしたら、楽しくなりそうだな。

＊福祉：welfare ／福利／ phúc lợi　＊施設：facility; establishment ／设施／ thiết bị, cơ sở vật chất

【質問文】長い会話のあとに、質問文が2つ流れます。だれについて聞いているのか注意して、最もよい答えを1つ選んでください。

質問1　女の人は何をしますか。
質問2　男の人は何をしますか。

 解き方のポイント

正解：（質問1）**2**　（質問2）**4**

　選択肢から、二人がどこで何をするかがポイントになっていることがわかります。質問は最後までわからないので、男の人と女の人の意見を分けてメモしておきましょう。会話の途中で意見が変わったりすることがあるので、その部分にも気をつけて聞いてください。

| どんな状況？ | 先生の説明を聞いて、どっちのグループ活動に参加するか、決める。 |

| 何がテーマ？ | 老人施設と幼稚園のどちらを選ぶか。そこで何をするか。 |

| 注意点と答えの選び方 | 女性は本を読むのか、劇をするのか。「全部覚えて言うのは難しい」がキーワード。男性については「クイズ形式のゲームにしてみたら」「チームで競争させる」を聞き取るのがポイント。 |

 **覚えておこう**

出題が予想される場面・話題・質問

予想される会話の場所

- 学校 (趣味の講座なども含む) ・・・ 学生と教師、学生同士、友達
- 店 ・・・ 店員と客、友達、家族
- 家など ・・・ 家族（夫と妻、親と子など）

予想される話題・状況

1. 基本的なのは、どれにするかを選ぶ場面
- コース ・・・ 授業のコース、旅行、活動のプログラム
- 商品・チケット・料理 ・・・ 商品のタイプ・種類、メニュー
- 場所 ・・・ 行き先
- 方法 ・・・ 問題の解決方法
- 行動 ・・・ 何をすることにしたか

2. 意見の違いを聞き分ける場面 ・・・ それぞれがどう思っているか

予想される質問

- 男の人は何を〜ますか。
- 女の人はどのように〜ますか。
- 女の学生はどの〜を……することにしましたか
- 男の人はどう思っていますか。

UNIT 1 会話の流れを読むパターン
かいわ　　なが　　　　よ

Patterns where the flow of a conversation is read ／読对话流程模式／ mẫu hiểu được diễn biến của hội thoại

1 2人以上が1つのことについて話すパターン
ふたりいじょう　　　　　　　　　　　　　　　はな

Patterns where two or more people talk about one thing ／说关于两个以上事情模式／ mẫu hội thoại giữa nhóm hơn hai người với một đề tài

♪ POINT

　2人以上の会話を聞きながら、1つのテーマについて、それぞれ
ふたりいじょう　かいわ　き
の意見や情報を整理して答える問題です。会話の流れを追いながら、
　い けん　じょうほう　せいり　　こた　もんだい　　　かいわ　なが　お
それぞれの意見の違いや変化に注意して聞きましょう。
　　　　　い けん　ちが　　へんか　ちゅうい　　き

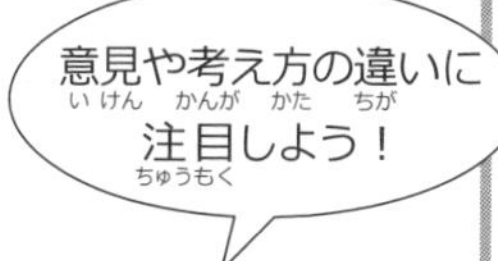

These questions require you to listen to a conversation between two or more people and sort out their differences on a topic as well as information about it. Follow the flow of the conversation while paying attention to how their opinions differ and change. ／听两个以上的会话时，针对一个题目整理出各自的不同及情报进行回答。边跟随着话题走，边注意听不同的意见及变化。／ Đây là dạng câu hỏi mà để trả lời thì cần sắp xếp lại sự khác nhau giữa các ý kiến hoặc các thông tin về một chủ đề nào đó khi nghe hội thoại của một nhóm trên hai người. Vì vậy hãy chú ý đến sự khác nhau hay sự thay đổi của các ý kiến khi theo dõi diễn biến của hội thoại.

EXERCISE

練習 47
れんしゅう

Disc 2
TR
20

Memo

練習 47　Disc 2　20　　　　　　正解：1

３人がキャンプの食事の相談をしています。

M：週末のキャンプ、楽しみだね。天気、よかったらいいなあ。

F1：うん、ほんと。ねえ、晩ご飯、何にしようか。

F2：お米は山田さんが持ってくるって言ってたから、私たちはおかずを作るんだよね。

F1：泳いだあとで、疲れているから簡単なものにしようよ。カレーとサラダは？

M：いいね！　海で食べるカレー、最高！

F2：飲み物は？　現地で買ったら高いよ。

M：それも山田さんが適当に買って、車に積んできてくれるって。

F1：**やったー**。じゃあ、私はカレーの材料を買って持って行くね。

M：よろしく。料理のことはよくわからないから、任せるよ。

F2：じゃあ、私はサラダね。２種類ぐらい作ろうかな。

F1：あとはお菓子と、２日目の朝のパン、それからくだものもほしいね。

M：**それはぼくが買っていく**よ。

F2：うん、お願い。

F1：あ、でも、お菓子はよう子さんが**買ってくるって言ってなかったっけ**？

M：ああ、そうだった。じゃあ、**買わなくていいか**。でも、二人とも、荷物、重いんじゃない？　言ってくれたら、**野菜ぐらい買っていく**よ。

F1：ありがとう。でも、いいよ。もし、重くなったら、そのときは**少し持って**。

M：うん、わかった。

男の人は何を買っていきますか。

1　パンとくだもの

2　パンと野菜

3　パンとくだものと野菜

4　お菓子とパンとくだもの

📖 ことばと表現

□ **キャンプ**：camp ／野営／ cắm trại

□ **現地**：その場所。それが行われる場所。

□ **適当に**：目的や必要にだいたい合うように。

★ 重要語をチェック！

「やった」「〜っけ」

⇒ p.139

| どんな状況？ | キャンプの料理の準備をどうするか、相談している。 |

| 何がテーマ？ | それぞれの分担は何か。男の人は何を買うか。 |

| 注意点と答えの選び方 | 「それはぼくが買っていく」「買わなくていいか」はそれぞれ何を指しているか。野菜は買うのか買わないのか。 |

重要語	使い方チェック！

練習 47

(1) やった　喜んだとき、うれしいときなどに、自然に出る言葉。

① 父「今年の夏休みはみんなで海外に行こうか。」
　子「やったー！」
② （合格を知って）やった！　合格だ！

(2) 〜っけ　前に聞いて忘れてしまったことや、不確かなことなどを確認するときに使う。

① Ａ「午後の会議の場所、どこだっけ？」
　Ｂ「第3会議室だよ。」
② Ａ「あれ、そんな服、持ってたっけ？」
　Ｂ「先週買ったのよ。」
③ Ａ「パーティーの司会は誰がするんだったっけ？」
　Ｂ「えっと、木村さんじゃなかったっけ？」

② 3人がばらばらの立場で話すパターン

Patterns where three people talk about their separate standpoints ／三个人站在各自立场说话模式
／ mẫu hội thoại giữa ba người với lập trường khác nhau

♪ POINT

　3人それぞれが自分の状況や考えをばらばらに話します。それを整理して、何がテーマなのか、話の中心をつかむのがポイントです。

Three individuals talk about their own state and thoughts separately. It is important here to sort these out to figure out what the theme is and grasp the core of what is being discussed. ／三个人各自说自己的状况或想法，整理并抓住话题是什么及对话的中心很关键。／ Ba người sẽ tự nói riêng về tình trạng hay suy nghĩ của mình. Hãy sắp xếp lại nội dung đấy để có thể hiểu được chủ đề của câu chuyện là gì, đó chính là điểm giữa trọng tâm của câu chuyện.

EXERCISE 

練習 48

Disc 2
TR 21

Memo

問題スクリプトと解答の流れ

練習 48　Disc 2 21　　　　　　　　　　正解：4

男の人と女の人 2 人が話しています。

F1：あ、そのワンピース、かわいい。そんなの、持ってたっけ？

F2：ネットで見つけたの。古着だから、すごく安かったのよ。

F1：ふうん、古着に見えない。いいの、見つけたね。

M：へえ、ネットか……。ぼくは**ちょっと抵抗がある**な。だって、**どこのだれかわからない人が着ていた**んでしょう？

F2：そう？　でも、ちゃんとクリーニングしてあるから、平気よ。**そりゃあ**、下着とかは無理だろうけど。

F1：最近は私もよくネットで買うよ。**もっとも**、私の場合は本や雑貨が多いけどね。時々、自分で売ることもあるし。自分が要らなくなっても、誰かに使ってもらえたらうれしいじゃない。

F2：そうそう、**もったいない**でしょ。

M：まあね、リサイクルできるのはいいけど。支払いのトラブルとかはないの？

F2：今のところ別に。信用できないと思ったら、買わなければいいんだから。

M：そうか。でも、ぼくはやっぱり、**ちゃんと実物を見て、顔が見える相手から買いたい**なあ。

男の人はネットでものを買うことについてどう思っていますか。

1　中古の品物しかないから、買いたくない。

2　本や雑貨ならいいが、服は買う気にならない。

3　リサイクルできるから、これからは利用したい。

4　ネットの情報だけでものを買うのは不安だ。

📖 **ことばと表現**

□ **実物**：実際のもの。

⭐ **重要語をチェック！**

「（～に）抵抗がある」「そりゃ（あ）」「もっとも」⇒ p.142

どんな状況？	ネットで商品を買うことについて、女性 2 人は肯定的だが、男性は否定的。

▼

何がテーマ？	ネットでの売買のいい点と、よくない点。

▼

注意点と答えの選び方	男性が自分の考えをはっきり述べている部分を聞き取る。疑問、感想と意見を聞き分けられるか。

🔑 **キーワードをキャッチ**
「ちょっと抵抗がある」「どこのだれかわからない人が着ていた」「もったいない」
「リサイクルできるのはいいけど」「ちゃんと実物を見て、顔が見える相手から買いたい」

PART ① 基礎編

PART ② 対策編

課題理解　ポイント理解　概要理解　即時応答　統合理解

PART ③ 模擬試験

試験に出る言葉

練習 48

(1) ～に抵抗がある　　～したくない、～を受け入れられないという気持ち。

① 以前は、魚を生で食べる**のに抵抗がある**外国人が多かった。
② 私は、ＳＮＳなどに自分の写真を出すの**に少し抵抗がある**。

(2) そりゃ（あ）　　「それは」のくだけた表現。相手が示したある事態や話題などに言及するときの表現。驚きや感情を込めて言うことが多い。

① Ａ「昨日、携帯をなくしちゃって、すごく焦った。あとで見つかったけど。」
　Ｂ「**そりゃ**、大変だったね。」　＊焦る：to be flustered ／焦慮、着急／ hấp tấp
② Ａ「聞いて。彼ったら、私の誕生日を忘れてたのよ。」
　Ｂ「**そりゃあ**、ひどいね。」

(3) もっとも　　前に言ったことに条件を付け加えたり、一部訂正したりする。

① 会場はほぼ満員になりました。**もっとも**、座席の数は少ないですが。
② この地方は気候が穏やかです。**もっとも**、８〜９月は台風の影響をかなり受けますが。

UNIT 2　1人の話を受けて、2人が会話するパターン

ひとり　はなし　う　　　ふたり　かいわ

Patterns where two people talk having heard one person say something／接着一个人的话，两个人对话模式／mẫu hội thoại giữa hai người sau khi nghe một người nói chuyện

① 条件が単純にプラスされていくパターン

じょうけん　たんじゅん

Patterns where conditions are simply added／条件被单纯增加模式／mẫu hiểu được các điều kiện được thêm vào một cách đơn giản

♪ POINT

基本になる条件に何がプラスされていくのか（a、a＋b、a＋b＋c、a＋b＋c＋d）、順番に聞き取っていくパターンです。プラスされる条件と2人の状況をとらえるのがポイントです。

きほん　じょうけん　なに

じゅんばん　き　と

じょうけん　ふたり　じょうきょう

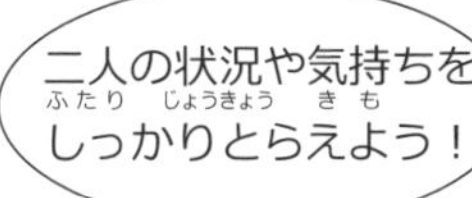

ふたり　じょうきょう　きも

This type of question requires you to listen in order to what is being added to a basic condition (a, a+b, a+b+c, a+b+c+d). Here it is important to understand the conditions being added and the state of the two individuals speaking.／在基本条件上又加了什么，按（a、a＋b、a＋b＋c、a＋b＋c＋d）的顺序听，抓住被添加的条件及两个人的状况是听解的要点。／Đây là mẫu nghe hiểu dần dần theo thứ tự như kiểu các điều kiện nào đó sẽ được thêm vào điều kiện cơ bản gốc (a, a+b, a+b+c, a+b+c+d). Điểm quan trọng là nắm bắt được các điều kiện sẽ được thêm vào với tình trạng của hai người.

EXERCISE ✎

Disc 2

TR 22

練習 49

れんしゅう

質問1

しつもん

1　サービスランチ

2　レディースランチ

3　お好みランチ
　　この

4　スペシャルランチ

質問2

しつもん

1　サービスランチ

2　レディースランチ

3　お好みランチ
　　この

4　スペシャルランチ

143

練習 49　Disc 2 ②22　　　　　　正解：（質問1）**2**　（質問2）**3**

男の人と女の人がレストランでランチの説明を聞いています。

F1：いらっしゃいませ。当店のランチはこちらの4種類でございます。サービスランチは前菜とお好きなパスタにお飲み物がついて1200円でございます。パスタとお飲み物はこちらのページからお選びください。レディースランチはこれにデザートをお付けして1500円になります。こちらがデザートのページでございます。お好みランチは**サービスランチに肉料理か魚料理のどちらか一方**とデザートで2300円、**スペシャルランチは肉と魚、両方**とデザートをお付けして3000円でございます。では、ご注文がお決まりになったら、お呼びください。

M：ここ、前から一度来てみたかったんだよね。

F2：前菜とパスタだけでも、けっこうボリュームがありそうね。

M：うん。でも、この店のデザート、おいしいって評判みたいだよ。

F2：そんなに食べられるかなあ。**でも、せっかく**だから。

M：ぼくはもうちょっと食べたい気分だな。肉料理は……あ、このチキン、うまそうだね。これにするよ。

F2：見て、見て。この魚のもおいしそうよ。

M：魚か……。家ではあまり食べないから、**そっちにしようかな**。

F2：**いっそ両方付けちゃえば？**　たまにしか来られないんだし。

M：う～ん、3000円か……。**やっぱり最初に決めたのにするよ**。

質問1　女の人は何を注文しますか。

質問2　男の人は何を注文しますか。

ことばと表現

□ **前菜**：appetizer ／前菜／ món khai vị

□ **ボリューム**：volume; amount ／分量、音量／ khối lượng

□ **評判**：reputation ／评价／ đánh giá

★ 重要語をチェック！
「せっかく」「いっそ（のこと）」
⇒ p.145

どんな状況？　男の人と女の人がレストランでランチの説明を聞いて、何を食べるか考えている。

▼

何がテーマ？　二人はそれぞれ何を食べるか。

▼

注意点と答えの選び方　「せっかくだから」「やっぱり最初に決めたのにする」など、答えを導く表現を聞き取れるか。

<table>
<tr><td>重要語</td><td>使い方チェック！</td></tr>
</table>

練習 49

(1) せっかく　　特別な機会だという気持ち。

① A「沖縄へ行ったら何をする？」
　　B「**せっかく**だから、沖縄料理を食べようよ。」

② A「Bさんも、ぜひ、いらっしゃいませんか。
　　B「**せっかく**ですが、これから用事がありますので、失礼します。」

(2) いっそ（のこと）　　中途半端になるのを避けて、普通やらないくらい思い切ったことをすること。

① 彼と結婚できないなら、**いっそのこと**、死んでしまいたい。
② いやな上司の下でやりたくない仕事をするより、**いっそ**自分の会社を作ろうか。

PART 1 基礎編

PART 2 対策編

課題理解　ポイント理解　概要理解　即時応答　統合理解

PART 3 模擬試験

試験に出る言葉

② 優先する条件を聞き取るパターン
ゆうせん　　じょうけん　　き　と

Patterns where conditions to be prioritized are listened for ／听取优先条件模式／ mẫu hiểu được một điều kiện được ưu tiên

🎵 POINT

　　後半の二人の会話の中から、それぞれの状況によって優先する
もの、しないものを聞き取って答えましょう。

Listen to the latter half of the conversation between the two to understand what each does and does not prioritize, then answer the question. ／从后半部的两个人的对话中，根据各自的状况听取什么是优先要做的，什么是不要做的，然后再回答。／ Từ phần cuối trong hội thoại của hai người, hãy đánh giá độ ưu tiên dựa trên tình hình của từng người để nghe và trả lời.

EXERCISE ✏️

Disc 2
TR
23

練習 50
れんしゅう

質問 1
しつもん

1　持っているスーツを着て行く

2　友だちのスーツを借りて着て行く

3　新しいスーツを買って着て行く

4　黒いジャケットとパンツで行く

質問 2
しつもん

1　持っているスーツを着て行く

2　友だちのスーツを借りて着て行く

3　新しいスーツを買って着て行く

4　黒いジャケットとパンツで行く

問題スクリプトと解答の流れ

練習 50　Disc 2 23

正解：（質問１）**4**　（質問２）**3**

日本語学校で、先生が面接のときの服装について話しています。

F1：では次に、面接のときの服装について話します。もちろん、面接で大切なのは答える内容ですが、**だからといって**、何を着て行ってもいい**わけではない**ですよね。学生らしい清潔感のある服装、これが基本です。最近は、ほとんどの人が黒か濃いグレーのスーツを着ていくようですが、これから就職するのではなく、学生になるわけですから、持っていなければ、無理して高いスーツを買う必要はないでしょう。黒か紺などのジャケットに、ジーンズ以外のパンツかスカートでもいいと思いますよ。ただし、アイロンをかけて、シャツのボタンはちゃんと留めること。スーツを着ていないから不合格になるということはありません。でも、面接会場に着いた時、自分だけ違ったら不安だと思う人は、スーツで行ったほうが安心でしょうね。

F2：どうしようかな。私、**スーツ持ってるけど、太って着られなくなっちゃった**のよ。来週の試験までに**ダイエットするのは無理**そう。

M：ジャケットは持ってないの？

F2：**黒いのがあった はず**だけど……。あれと**グレーのパンツ**でもいいかな。

M：ジーンズじゃなければいいって。

F2：そうね。**とりあえず今回はそれにしよう**かなあ。大事なのは面接の内容だもんね。次のとき、スーツが着られるようにがんばってダイエットするわ。カンさんはスーツあるの？

M：ううん、持ってないから、**この機会に買うつもり**だよ。

F2：え〜、**わざわざ**買うの？　誰か友達に借りれば？

M：それも考えたんだけど、これから着ることも多いだろうし、やっぱり**１着は必要**だから。

質問1　女の人は何を着て行きますか。

質問2　男の人は何を着て行きますか。

📖 ことばと 表現

□ **清潔**（な）：汚れがなく、きれいであること。

□ **服装**：服などを身につけたときの姿、様子。

□ **グレー**：gray ／灰色／ màu xám

★ 重要語をチェック！

「Aからといって Bわけではない」
「〜はず」「とりあえず」「わざわざ」
⇒ p.148

PART ❶ 基礎編

PART ❷ 対策編

課題理解　ポイント理解　概要理解　即時応答　統合理解

PART ❸ 模擬試験

試験に出る言葉

| どんな状況？ | 日本語学校の先生が入試面接の服装の注意をしている。 |

| 何がテーマ？ | 二人はそれぞれどんな服装で行くか。スーツにするか、しないか。 |

| 注意点と答えの選び方 | 女性がスーツを着るのは今回の試験か、次の試験か。
男性はスーツを持っていないが、どうするか。「1着は必要だ」が結論。 |

「スーツ持っているけど、太って着られなくなっちゃった」「ダイエットするのは無理」
「黒いのがあった」「グレーのパンツ」「取りあえず今回はそれにしよう」「この機会に買うつもり」
「1着は必要」

| 重要語 | 使い方チェック！ |

練習 50

(1) AからといってBわけではない　　Aという理由だけでBという結果にはならない。

① 努力した**からといって**、いつもいい結果が得られる**わけではない**。
② うそをつくのはいけない**からといって**、何でも本当のことを言えばいいという**わけではないだろう**。

(2) 〜はず　　100%確かではないが、おそらく〜だろう

① 彼はさっき会社を出たところだから、まだ家に帰っていない**はず**だ。
② まじめに授業を聞いていたら、わかる**はず**だ。
③ あれ？　めがねがない。さっきここに置いた**はず**なんだけどなあ……。

(3) とりあえず　　まず。一応。（十分とは言えないが）急ぎの必要のためにひとまず。

① 店員「いらっしゃいませ。何になさいますか。」
　客　「**とりあえず**、ビールと人数分のグラスをお願いします。」
② 家族が事故にあったと聞いて、**とりあえず**病院に向かった。
③ 大学の試験に合格したら、**とりあえず**入学金を払わなければならない。

(4) わざわざ　　あるもののために、特別に何かをすること。

① 今日は遠いところを**わざわざ**お見舞いに来てくれて、ありがとう。
② **わざわざ**来ていただかなくても、お返事はメールでけっこうですよ。

③ それぞれの目的に合わせるパターン

Patterns where various goals are met ／迎合各自目的模式／ mẫu chọn câu trả lời đúng cho từng mục đích

♪ POINT

　　それぞれの目的に応じた答えを4つの選択肢から選びます。二人の目的のキーワードは何か、違いはどこか、しっかり聞き取りましょう。

Choose the answer from four choices that matches each individual's goals. Be sure to carefully listen to what the keywords and differences are for the two individuals' goals. ／从四个选项中选择符合各目的答案，听清楚两人的目的的核心是什么，什么地方不一样。／ Chọn câu trả lời đúng cho từng mục đích từ 4 sự lựa chọn. Hãy chú ý nghe để biết được rõ từ khoá chỉ mục đích của hai người và sự khác nhau đó là gì.

EXERCISE

Disc 2
TR 24

練習51

質問1

1　のんびりファミリーコース

2　てくてく日帰りコース

3　しっかり登山コース

4　ゆっくり満足コース

質問2

1　のんびりファミリーコース

2　てくてく日帰りコース

3　しっかり登山コース

4　ゆっくり満足コース

練習 51　Disc 2　24　　正解：（質問1）**2**　（質問2）**4**

男の人が、ハイキングについて説明しています。

M1:みなさん、今年の夏は8月10日、11日の土日に大原山に行くことになりました。体力や目的に応じて選べる4つのコースを考えましたので、今からその説明をします。まず「ファミリーコース」は、ハイキングというよりも、牧場で遊んだり温泉に入ったりして、**文字通り**、家族でのんびり楽しんでいただけるプランです。ほかの3つは登山が目的です。「しっかり登山コース」は、大原山の**頂上までの往復で、夜は山小屋に泊まります**。登りは7時間、下りも5時間かかるので、体力に自信のある方向けです。次の「ゆっくり満足コース」は、**途中の鬼の滝**までの往復です。写真を撮ったり景色を楽しんだりしながら、ゆっくり登りたい方におすすめです。このコースと「ファミリーコース」は、ふもとのロッジに泊まります。なお、今回、**どちらか1日しか参加できない**という方には、「てくてく日帰りコース」があります。途中の駐車場まで車で行って、そこから頂上まで往復します。何か質問はありませんか。

F：へえ、4つの中から選ぶんですね。田村さんはどれがいいですか。

M2:ぼくは大原山は初めてだから、ぜひ**頂上まで行ってみたいし**、山小屋にも泊まりたいと思いました。

F：じゃあ、しっかりコース？　さすがですね。

M2:いや、それが……**日曜に仕事が入ってしまった**んですよ。

F：そうなんですか。残念ですね。

M2:ええ。だから、今回は**駐車場から**のコースにします。小林さんは？

F：私は今回、娘も連れて行くんですが、途中までなら登れるかと思って。

M2:え？　お嬢ちゃん、大丈夫ですか。

F：ええ。もう中学生ですし。行く**からには**、**少しは登らなきゃ**。

M2:そうですね。**景色も楽しめそう**ですしね。

質問1　男の人はどのコースに参加しますか。

質問2　女の人はどのコースに参加しますか。

📖 ことばと 表現

□ **牧場**：farm ／牧場／ bãi chăn thả

□ **頂上**：summit ／山頂／ đỉnh

□ **滝**：waterfall ／瀑布／ thác

□ **往復**：round trip ／往返／ khứ hồi

□ **ふもと**：foot; base ／山脚／ chân (núi)

□ **てくてく**：乗り物を使わないで（歩くことだけを考えて）歩き続ける様子。

★ 重要語をチェック！

「文字通り」「AからにはB」⇒ p.151

どんな状況？	男性がハイキングの4つのコースの説明をしている。
何がテーマ？	二人はそれぞれどのコースに参加するか。
注意点と答えの選び方	男性は最初、山小屋に泊まるつもりだったが、どうなったか。 女性の場合は「子どもと行く」という言葉に惑わされないように。

キーワードをキャッチ

「頂上までの往復」「山小屋に泊まります」「途中の鬼の滝」「どちらか1日しか参加できない」「頂上まで行ってみたい」「日曜に仕事」「駐車場から」「少しは登らなきゃ」「景色も楽しめそう」

重要語	使い方チェック！

練習 51

(1) 文字通り   その言葉の意味そのまま。

① 敬語とは、**文字通り**、相手に対して尊敬の気持ちを持って話す言葉です。
② 私の人生は、**文字通り**、失敗の連続でした。

(2) AからにはB   Aである以上Bであるのは当然だ／Bでなければならない。

① 試合に出る**からには**勝ちたい。
② 約束した**からには**、必ず守ります。

PART ❶ 基礎編

PART ❷ 対策編

課題理解

ポイント理解

概要理解

即時応答

統合理解

PART ❸ 模擬試験

試験に出る言葉

151

④ 多くの情報から必要な情報を聞き取るパターン
おお　　　　　じょうほう　　　　　　ひつよう　　　じょうほう　　　　き　と

Patterns where essential information is listened for among a large amount of information
／从众多情报中听取必要情报模式／mẫu hiểu được một số thông tin cần thiết trong rất nhiều thông tin

♪ POINT

多くの情報の中で、選択肢をヒントにしながら、時間・場所・
おお　　じょうほう　なか　　せんたくし　　　　　　　　　　　じかん　ばしょ
人を中心に、話の流れをしっかりとらえましょう。
ひと　ちゅうしん　はなし　なが

Use the choices as hints to get a solid grasp on the flow of the conversation full of
information, with a focus on time, place, and people. ／在很多情报中，从选项中获取提示，以
时间・地点・人为中心，牢牢抓住话题的走向。／Trong rất nhiều thông tin hãy dựa trên gợi ý của lựa chọn,
trọng tâm vào thời gian, địa điểm và nhân vật để biết được rõ ràng diễn biến của câu chuyện.

EXERCISE

Disc 2
TR 25

練習 52
れんしゅう

質問1
しつもん

1　屋上
　　おくじょう

2　5階
　　かい

3　2階
　　かい

4　1階
　　かい

質問2
しつもん

1　屋上
　　おくじょう

2　5階
　　かい

3　2階
　　かい

4　1階
　　かい

問題スクリプトと解答の流れ

練習 52　Disc 2　**TR 25**　　　　　正解：（質問1）**3**　（質問2）**1**

女の人がホテルの説明をしています。

F1：いらっしゃいませ。本日は遠いところをお出でいただき、ありがとうございます。お客様のお部屋は3階の321号室です。ご夕食は6時にお部屋までお持ちいたします。お風呂は、5階に大浴場、屋上に露天風呂がございます。どちらも朝7時から夜12時までになります。また、**屋内プール**は2階で、こちらは朝9時から夜7時までご利用になれます。水着のレンタルもありますので、必要ならおっしゃってください。1階にはカフェと売店がございまして、売店ではいろいろな**お土産物をご用意して**おりますので、ぜひお立ち寄りください。それでは、ご夕食まで、どうぞごゆっくりお過ごしくださいませ。

F2：わあ、ステキなお部屋ねえ。

M：うん、眺めもいいし。いいところだね。

F2：私は**早速**、みどりとお風呂に行ってこようっと。**パパはゆうたをお願い**ね。あの子ったら、プールに入りたいって、ずっと言ってたから。**もう水着に着替えてる**し。

M：え〜、運転で疲れたから、ちょっと休ませてくれよ。

F2：でも、ご飯のあとじゃ、入れないでしょ？　一緒に泳がなくても、見てるだけでいいから。ね！

M：しょうがないなあ。お風呂はどっちに行くの？

F2：上の方。**そのあとでお土産見て**、6時までには戻ってくるね。

M：わかった。じゃ、ゆうた、おれたちも行くぞ。

質問1　男の人は今からどこに行きますか。

質問2　女の人は今からどこに行きますか。

📖 **ことばと表現**

□ **浴場**：多くの人が利用するための風呂場。

□ **露天**：屋根のないところ。

□ **水着**：swimsuit ／游泳衣／ áo bơi

□ **レンタル**：rental ／出租／ thuê

□ **立ち寄る**：restop by ／順路到〜／ ghé qua

「早速」「Aったら」 ⇒ p.154

<table>
<tr><td>どんな状況？
（じょうきょう）</td><td>家族がホテルに到着して、館内の説明を聞いている。
（かぞく）　（とうちゃく）　（かんない）（せつめい）（き）</td></tr>
</table>

▼

<table>
<tr><td>何がテーマ？
（なに）</td><td>それぞれの次の行動は？
（つぎ）（こうどう）</td></tr>
</table>

▼

<table>
<tr><td>注意点と
（ちゅういてん）
答えの選び方
（こた）（えら）（かた）</td><td>家族は何人で、誰と誰がどこに行くか。選択肢をヒントに、どの階に何があるか、注意
（かぞく）（なんにん）　（だれ）（だれ）　　（い）　　（せんたくし）　　　　　（かい）（なに）　　　（ちゅうい）
して聞く。「水着」「泳がなくても」「(お風呂は) 上の方」とは、どこを指しているか。
（き）（みずぎ）（およ）　　　　　　　（ふろ）（うえ）（ほう）　　　　　（さ）</td></tr>
</table>

キーワードを
キャッチ

「お風呂は 5 階と屋上」「屋内プール」「お土産物をご用意して」「パパはゆうたをお願い」
（ふろ）（かい）（おくじょう）（おくない）　　　　　（みやげもの）　（ようい）　　　　　　　　　　（ねが）
「もう水着に着替えている」「泳がなくても、見てるだけでいい」「(お風呂は) 上のほう」
（みずぎ）（きが）　　　　　（およ）　　　　　（み）　　　　　　　　　（ふろ）（うえ）
「そのあとでお土産見て」
（みやげみ）

<table>
<tr><td>重要語
（じゅうようご）</td><td>使い方チェック！
（つか）（かた）</td></tr>
</table>

練習 52
（れんしゅう）

(1) 早速　（さっそく）　（できる状態になったときに）すぐに行動する様子。
（じょうたい）　　　　　　　　　　（こうどう）（ようす）

① 駅前に新しいカフェができたので、**早速**、行ってみた。
（えきまえ）（あたら）　　　　　　　　　（さっそく）（い）
② 〈会議〉時間になりましたので、**早速**、始めさせていただきます。
（かいぎ）（じかん）　　　　　　　　　　（さっそく）（はじ）

(2) A ったら　Aのことを話題にする表現（あきれたり驚いたりする場合が多い）※特に女性が会話で使う。
（わだい）（ひょうげん）　　　（おどろ）　　（ばあいおお）　（とくじょせいかいわつか）

① うちの息子ったら、スマホでゲームばかりしてるの。
（むすこ）
② あの人ったら、また変なことを始めたみたい。
（ひと）　　　（へん）　　　（はじ）

PART 3
模擬試験

<ruby>模<rt>も</rt>擬<rt>ぎ</rt>試<rt>し</rt>験<rt>けん</rt></ruby>

Practice Test／模拟考试／bài thi mô phỏng thực tế

解答用紙は別冊 p.14 にあります。

問題1

この問題では、まず質問を聞いてください。それから話を聞いて、問題用紙の1〜4の中から、最もよいものを一つ選んでください。

1番

1　3000円

2　6000円

3　10000円

4　12000円

2番

1　再テストを受けたいと学校に電話する

2　医者に行って、領収書をもらう

3　再テストの申込書を出す

4　よく寝て、早く病気を治す

Disc 2
TR **30**

3番
ばん

1　機械の準備をする
2　原稿をチェックする
3　お昼ご飯を食べる
4　説明会の会場に行く

Disc 2
TR **31**

4番
ばん

1　ポスターを印刷する
2　交流プログラムという字を大きくする
3　連絡先から電話番号を消す
4　プログラムの変更を知らせる

5番

1 誰に記念品を渡すか、確認する

2 タオルを取りに行く

3 おまんじゅうを取りに行く

4 8階にリストを持っていく

6番

1 1階

2 3階

3 4階

4 8階

Disc 2 34 問題2

　この問題では、まず質問を聞いてください。そのあと、問題用紙のせんたくしを読んでください。読む時間があります。それから話を聞いて、問題用紙の1から4の中から、最もよいものを一つ選んでください。

1番　Disc 2 35

1　食器の洗い方がていねいではないから

2　食器を洗っている間、水を出しっぱなしだから

3　時間がないのに、食器を洗わされるから

4　食器を洗ったあとで、ちゃんと拭かないから

2番　Disc 2 36

1　白くて小さい花が、集まって丸い形になっている

2　ピンクの小さい花が、集まって丸い形になっている

3　ベルみたいな形の白い花が、2列に並んでいる

4　ベルみたいな形のピンクの花が、2列に並んでいる

3番

1 日本に留学した理由

2 学部を選んだ理由

3 大学を卒業した後の計画

4 大学で学びたいこと

4番

1 3日の朝

2 3日の夜

3 4日の朝

4 4日の夜

5番

1　お祝いをもらったお礼

2　電話するのが遅れたこと

3　今の生活が幸せなこと

4　夏に会いに行くこと

6番

1　質問した人が、とても失礼だったから

2　質問した人が、意味を間違えていたから

3　質問した人が、お金の心配をしたから

4　質問した人が、細かいことを聞いたから

問題3

　この問題では、問題用紙に何もいんさつされていません。この問題は、全体としてどんな内容かを聞く問題です。話の前に質問はありません。まず話を聞いてください。それから、質問とせんたくしを聞いて、1から4の中から、最もよいものを一つ選んでください。

— メモ —

問題4

この問題では、問題用紙に何もいんさつされていません。まず文を聞いてください。それから、それに対する返事を聞いて、1から3の中から、最もよいものを一つ選んでください

―― メモ ――

問題 5

　この問題では、長めの話を聞きます。この問題に練習はありません。
メモをとってもかまいません。

1番、2番

　問題用紙に何もいんさつされていません。まず、話を聞いてください。それから、質問とせんたくしを聞いて、1から4の中から、最もよいものを一つ選んでください。

―― メモ ――

3番

まず、話を聞いてください。それから、二つの質問を聞いて、それぞれ問題用紙の1から4の中から、最もよいものを一つ選んでください。

質問1

    1　料理を食べる

    2　料理を作る

    3　料理を調べる

    4　料理を分ける

質問2

    1　料理を食べる

    2　料理を作る

    3　料理を調べる

    4　料理を分ける

模擬試験の採点表

　配点は、この模擬試験で設定したものです。実際の試験では公表されていませんが、各科目の合計得点が示されているので（60点）、それを参考に設定しました。また、「基準点」と「合格点」も、それぞれ実際のもの（各科目 19 点、全科目の合計 90 点）を参考に設定しました。

　＊基準点：得点がこれに達しない場合、総合得点に関係なく、それだけで不合格になる。

★ 基準点に達しない科目があれば、重点的に復習しましょう。

★ 合格可能性を高めるために、この模擬試験では 36 点以上を目指しましょう。

★ 基準点に達しなければ、得点の低かった問題を中心に、しっかり復習しましょう。

●採点表

大問	配点	満点	正解数	得点
問題 1	2点×6問	12		
問題 2	2点×6問	12		
問題 3	2点×6問	12		
問題 4	1点×12問	12		
問題 5	3点×4問	12		
合計		60		
（基準点の目安）				（19）
（合格点の目安）				（30）

試験に出る言葉
<ruby>試験<rt>しけん</rt></ruby>に<ruby>出<rt>で</rt></ruby>る<ruby>言葉<rt>ことば</rt></ruby>

聴解問題では、音声は一度しか聞くことができません。
そのため、話の内容を理解するうえで、語彙力が一つのカギとなります。
会話やスピーチなどによく出てきそうな言葉を覚えて備えましょう。

学校・学習
がっこう　がくしゅう

School / Learning ／学校・学习／ Trường học, học tập

□ **アドバイス**　advice ／建议／ lời khuyên

「レポートについて、先輩に<u>アドバイス</u>してもらった。」
せんぱい

□ **学部**　department ／系／ khoa
がくぶ

▶経済学部、文学部、工学部
けいざいがくぶ　ぶんがくぶ　こうがくぶ

□ **課題**　assignment ／课题／ bài tập
か だい

「来週、<u>課題</u>を提出しなければなりません。」
らいしゅう　か だい　ていしゅつ

▶課題研究のテーマ、大きな課題
か だいけんきゅう　おお　か だい

□ **科目**　subject ／科目／ môn học
か もく

「大学では好きな<u>科目</u>を選んで勉強できます。」
だいがく　す　か もく　えら　べんきょう

▶選択科目、得意な科目
せんたく か もく　とくい　か もく

□ **期限**　deadline ／期限／ kỳ hạn
き げん

「あっ、支払い<u>期限</u>が過ぎちゃった。」
しはら　き げん　す

▶有効期限、期限が切れる
ゆうこう き げん　き げん　き

□ **休講**　cancelled class/lecture ／停课／ nghỉ (buổi học)
きゅうこう

「今日の日本文学の授業は<u>休講</u>になりました。」
きょう　に ほんぶんがく　じゅぎょう　きゅうこう

□ **掲示**（する）　(to) post ／出示／ dán
けい じ

「合格者の受験番号が<u>掲示</u>されています。」
ごうかくしゃ　じゅけんばんごう　けい じ

▶掲示板、ポスターを掲示する
けい じ ばん　けい じ

□ **欠席**（する）　(to be) absent ／缺席／ vắng mặt
けっせき

「<u>欠席</u>の場合は、早めに知らせてください。」
けっせき　ば あい　はや　し

□ **見学**（する）　(to) observe ／参观／ tham quan
けんがく

▶<u>工場を見学する</u>
こうじょう　けんがく

□ **原稿**　manuscript ／原稿／ bản thảo
げんこう

「明日のスピーチの<u>原稿</u>を書いています。」
あした　げんこう　か

□ **講演**（する）　(to) lecture ／讲演／ thuyết trình
こうえん

「あの<u>講演</u>は大人気で、会場が満員だったよ。」
こうえん　だいにん き　かいじょう　まんいん

▶講演会、政治について講演する
こうえんかい　せい じ　こうえん

□ **講義**　lecture ／讲义／ buổi giảng
こう ぎ

「田中先生の<u>講義</u>はわかりやすいね。」
た なかせんせい　こう ぎ

▶集 中 講義、講義を受ける
しゅうちゅうこう ぎ　こう ぎ　う

□ **講師**　lecturer ／讲师／ giảng viên
こう し

「次の講演会の<u>講師</u>はどなたですか。」
つぎ　こうえんかい　こう し

▶研 修 会の講師
けんしゅうかい　こう し

□ **資格**　qualification ／资格／ chứng chỉ
し かく

「この仕事をするには<u>資格</u>が必要です。」
し ごと　し かく　ひつよう

▶資格を取る、医師の資格
し かく　と　い し　し かく

□ **指導**（する）　(to) guide ／指导／ hướng dẫn
し どう

「２年間、田中先生に<u>指導して</u>もらいました。」
ねんかん　た なかせんせい　し どう

▶指導を受ける、技術を指導する、指導者
し どう　う　ぎ じゅつ　し どう　し どうしゃ

□ **志望**（する）　(to) wish ／志愿／ mong muốn, nguyện vọng
し ぼう

「記者を<u>志望する</u>理由は何ですか。」
き しゃ　し ぼう　りゆう　なん

▶A 大学を志望する、医者志望
だいがく　し ぼう　い しゃ し ぼう

□ **締切**　deadline ／截止／ hạn chót
しめきり

「応募の<u>締切</u>はいつですか。」「１月 31 日です。」
おうぼ　しめきり　がつ　にち

▶課題提出の締切、締切を守る
か だいていしゅつ　しめきり　しめきり　まも

□ **就職**　finding employment ／就职／ đi làm
しゅうしょく

「<u>就職</u>が決まって、ほっとした。」
しゅうしょく　き

▶銀行に就職する、就 職 活動
ぎんこう　しゅうしょく　しゅうしょくかつどう

□ **授業料**　tuition ／学费／ học phí
じゅぎょうりょう

▶大学の授 業 料
だいがく　じゅぎょうりょう

□ **助言**（する）　(to) advise ／建议／ (đưa ra) lời khuyên
じょげん

「先輩にはいつも、いろいろ<u>助言</u>してもらっています。」
せんぱい　じょげん

▶助言を求める、助言を受ける
じょげん　もと　じょげん　う

□ **進学**（する）　(to) continue education／升学／ học lên bậc trên
しんがく

「就職するか、大学院に<u>進学する</u>か、迷っています。」
しゅうしょく　だいがくいん　しんがく　まよ

▶大学への進学率
だいがく　しんがくりつ

□ **成績**　grades ／成绩／ thành tích
せいせき

「この科目の<u>成績</u>、どうだった？」「A だったよ。」
か もく　せいせき

▶成績表、成績が良い／悪い
せいせきひょう　せいせき　よ　わる

□ **ゼミ** seminar ／学習会／ buổi học dạng thảo luận

「山田ゼミでは何を研究しますか。」「日本文学です。」

▶ゼミの時間、ゼミに入る

□ **セミナー** seminar ／学習会、研討会／ hội thảo

「就職に関するセミナーがあるので、出るつもりです。」

▶セミナーを開く

□ **相談**(する) (to) discuss ／商量／ tư vấn, hỏi ý kiến

▶先生に相談する、相談に乗る、相談を受ける

□ **大学院** graduate school ／研究生院／ cao học

「就職しないで大学院に進むことにしました。」

□ **単位** credit ／学分／ đơn vị học trình

「単位が足りないと卒業できませんよ。」

▶卒業単位、単位を取る

□ **遅刻**(する) (to be) tardy ／迟到／ đến muộn

「もう 10 時だ、遅刻しちゃいそう。」

▶会議に遅刻する

□ **知識** knowledge ／知识／ trí thức, kiến thức

仕事をしながら、たくさんの知識を身につけてほしい。

▶専門知識、基礎知識

□ **調査**(する) (to) investigate ／调查／ điều tra

調査した結果、さまざまなことが明らかになった。

▶アンケート調査、全国調査

□ **定員** capacity ／定员／ số người quy định

「経済学部の入学定員は 300 名です。」

▶定員に達する

□ **提出**(する) (to) submit ／提出／ nộp

「課題はレポートボックスに提出してください。」

▶書類を提出する

□ **テーマ** theme ／题目／ chủ đề

「この作品のテーマは何ですか。」「家族愛です。」

▶研究テーマ、面白いテーマ

□ **電子辞書** electronic dictionary ／电子词典／ kim tự điển

「この電子辞書には、もう一つ便利な機能が付いています。」

□ **発表**(する) (to) present ／发表／ phát biểu

「来月の学会で論文を発表します。」

▶研究発表、ゼミ発表

□ **不合格** failure ／没考上／ trượt, không đỗ

「残念ながら試験は不合格でした。」

▶試験に不合格になる

□ **面接**(する) (to) interview ／面试／ phỏng vấn

「来週、就職の面接があるんだ。」「頑張ってね。」

▶面接試験、受験生を面接する

□ **落第**(する) (to) fail ／不及格／ trượt, không đỗ

「卒業試験が不合格で、落第しちゃった。」

▶試験に落第する

□ **寮** dormitory ／宿舍／ ký túc xá

▶学生寮

□ **論文** essay; thesis ／论文／ luận văn

「論文は進んでいますか。」

▶論文を発表する、卒業論文

レストラン・食べ物

Restaurants / Food ／餐馆・事物／ Nhà hàng, thức ăn

□ **一流** top-class ／一流／ thượng lưu

一流企業に入ることより、どんな仕事をしたいか、が大切だ。

▶一流ホテル、一流をめざす

□ **薄い** うす

「味が薄くて、あまりおいしくない。」

▶薄い字、薄い色

□ **栄養** nutrition ／营养／ dinh dưỡng

〈医者が患者に〉「栄養をとって、よく休んでください。」 ▶栄養不足

□ **おかず**　side dish ／指饭菜中的菜／ thức ăn kèm

「晩ごはんの<u>おかず</u>、何がいい？」

□ **おすすめ**　recommendation ／推荐／ khuyến khích

「おすすめの料理は何ですか。」

▶おすすめの店 / 本 / 映画

□ **お昼**　lunch ／午饭／ bữa trưa

「お昼は大学の食堂で食べました。」

□ **外食**（する）　(to) eat out ／在外面吃／ đi ăn ở ngoài

「ふだんは家で食べますが、たまに<u>外食します</u>。」

□ **カウンター**　counter ／前台／ quầy

「<u>カウンター</u>の席なら空いていますが……。」

□ **行列**　line ／队列／ xếp hàng

「この店はいつも<u>行列</u>ができていますね。」

▶行列に並ぶ

□ **腐る**　rot ／坏了、腐烂／ hỏng

「夏はすぐ<u>腐る</u>から、気をつけたほうがいいよ。」

□ **高級**（な）　high-class ／高级／ cao cấp

「やはり<u>高級な</u>お店は味もサービスも違いますね。」

▶高級時計、高級旅館、最高級の牛肉

□ **材料**　ingredients ／材料／ nguyên liệu

「何を<u>材料</u>にして作るか、まだ決めていません。」

□ **食欲**　hunger ／食欲／ cảm giác muốn ăn

「暑いと、あまり<u>食欲</u>が出ないんです。」

▶食欲がある、食欲が落ちる

□ **新鮮**（な）　fresh ／新鲜／ tươi

「ここのスーパーの野菜とかくだものはいつも<u>新鮮</u>です。」

▶新鮮な魚、新鮮な意見

□ **評判**　reputation ／评价／ đánh giá

「この病院は<u>評判</u>がいいようです。」

□ **雰囲気**　atmosphere ／气氛／ không khí

「料理はおいしいし、<u>雰囲気</u>もいいし、いい店ですね。」

▶店の雰囲気、職場の雰囲気、雰囲気を変える

□ **喫煙席**
smoking seat ／吸烟座位／ chỗ ngồi được phép hút thuốc

□ **禁煙席**
non-smoking seat ／禁烟席位／ chỗ ngồi cấm hút thuốc

□ **持ち帰り**　take out ／外带／ mang về

「店内でお召し上がりですか。」「いえ、<u>持ち帰り</u>で。」

□ **食品**　food product(s) ／食品／ thực phẩm

「この店では<u>食品</u>以外のものも扱っています。」

▶冷凍食品、食品の安全

□ **生**　raw ／生的／ tươi, sống

「このまま<u>生</u>で食べてもおいしいですよ。」

▶生の魚、生野菜

□ **濃い**　rich ／口味重、咸／ đậm

「読みにくいので、もう少し<u>濃く</u>書いてください。」

▶味の濃い料理

□ **弁当**　boxed lunch ／便当／ cơm hộp

「明日は、公園でお<u>弁当</u>を食べましょう。」

□ **洋食**　Western food ／西餐／ món ăn kiểu Âu

〈ホテル〉朝食は、和食か<u>洋食</u>を選ぶようになっている。

□ **冷凍**（する）　(to) freeze ／冷冻／ đóng băng

「余った分は<u>冷凍</u>しておきましょう。」

▶冷凍食品、（冷蔵庫の）冷凍室

□ **和食**　Japanese food ／日餐／ món ăn kiểu Nhật

<u>和食</u>は健康にいいと言われている。

▶和食のレストラン

図書館・役所・郵便局・銀行
としょかん　やくしょ　ゆうびんきょく　ぎんこう

Libraries / Public Offices / Post Offices / Banks
／图书馆・市区政府・邮局・银行
／ Thư viện, cơ quan hành chính, bưu điện, ngân hàng

□ **受付** reception ／收发室／ tiếp tân
うけつけ

□ **受け取る** receive ／领取／ nhận
う　と
「さっき荷物を受け取りました。」
にもつ　う　と

□ **応募**(する) (to) apply ／应聘／ đăng ký, ứng tuyển
おう　ぼ
「スピーチ大会に応募してみようかな。」
たいかい　おう ぼ
▶応募者、コンクールに応募する
おうぼしゃ　おう ぼ

□ **会場** event site ／会场／ hội trường
かいじょう
「パーティーの会場へは、駅からバスで行くのがい
かいじょう　えき　い
いようです。」
▶イベント会場、試験会場
かいじょう　しけんかいじょう

□ **貸し出し** lending ／借出／ cho mượn
か　だ
「市の図書館では、7冊まで貸し出しができます。」
し　としょかん　さつ　か　だ

□ **記入**(する) (to) write in ／填写／ ghi vào, điền vào
き にゅう
「こちらの申込書に記入してください。」
もうしこみしょ　き にゅう
▶記入用紙
きにゅうようし

□ **支払う** pay ／支付／ chi trả
しはら
「カードで支払うこともできるんですね。」
しはら
▶支払方法
しはらいほうほう

□ **出場**(する) (to) appear ／出场／ tham gia
しゅつじょう
「高校の時に、全国大会に出場したことがあります。」
こうこう　とき　ぜんこくたいかい　しゅつじょう
▶出場チーム、出場者
しゅつじょう　しゅつじょうしゃ

□ **書類** documents ／文件／ giấy tờ, hồ sơ
しょるい
「関係のある書類は、すべてこのファイルにあります。」
かんけい　しょるい
▶応募書類
おうぼしょるい

□ **速達** express ／快件／ chuyển phát nhanh
そくたつ
「急いでいるので、速達で送りました。」
いそ　そくたつ　おく

□ **宅配** delivery ／快递／ giao hàng
たくはい
「昨日、宅配で送りました。今日、届くはずです。」
きのう　たくはい　おく　きょう　とど

□ **当日** day-of ／当天／ ngày hôm đó
とうじつ
「当日は時間に遅れないようにしてください。」
とうじつ　じかん　おく
▶試験当日、当日の予定
しけんとうじつ　とうじつ　よてい

□ **配達**(する) (to) deliver ／投递／ giao hàng
はいたつ
「温かいものも食べたいから、ピザを配達してもら
あたた　た　はいたつ
いましょう。」

□ **振り込む** pay by bank transfer ／打到账户里／ chuyển khoản
ふ　こ
25日までに料金を振り込まなければならない。
にち　りょうきん　ふ　こ
▶振り込みの期限
ふ　こ　きげん

□ **募集**(する) (to) take applications ／招聘／ tuyển dụng, thu thập
ぼしゅう
「学会の発表者を募集しています。」
がっかい　はっぴょうしゃ　ぼしゅう
▶参加者募集、募集中
さんかしゃぼしゅう　ぼしゅうちゅう

□ **窓口** (teller/ticket) window ／窗口／ quầy
まどぐち
「両替は3番の窓口にお願いします。」
りょうがえ　ばん　まどぐち　ねが

□ **申し込む** apply for ／申请／ đăng ký, ứng tuyển
もう　こ
「いい機会なので、研修旅行に申し込みました。」
きかい　けんしゅうりょこう　もう こ
▶申し込みの締め切り、申込書、申込者
もう こ　し き　もうしこみしょ　もうしこみしゃ

□ **用紙** sheet of paper ／用纸／ giấy chuyên dụng
ようし
「こちらのアンケート用紙にご記入ください。」
ようし　き にゅう
▶解答用紙、申込用紙
かいとうようし　もうしこみようし

健康
けんこう

Health ／健康／ Sức khoẻ

□ **胃** stomach ／胃／ dạ dày
い
▶胃の検査
い　けんさ

□ **うつる** transmit ／传染／ lây nhiễm
風邪がうつるから、そばに来ないでほしい。
かぜ　こ

□ **顔色が悪い**
かおいろ　わる
have a pale face ／脸色不好／ sắc mặt không tốt
「どうしたんですか。顔色が悪いですね。」
かおいろ　わる

□ **休養**(する) (to) rest ／休养／ nghỉ dưỡng
きゅうよう
「無理をしないで、今は休養をとったほうがいいです。」
むり　いま　きゅうよう

□ **筋肉** muscle ／筋肉／ cơ bắp
運動をしなくなると、筋肉がどんどん弱くなっていくそうだ。

□ **具合が悪い** feel unwell ／不舒服／ sức khoẻ không tốt
「具合が悪くなったら、いつでも言ってください。」

□ **血液** blood ／血液／ máu
血液が不足すると、十分な治療が行われなくなる。
▶血液型

□ **検査**（する） (to) examine ／检查／ kiểm tra
「まず、血液検査から始めます。」

□ **骨折**（する） (to) fracture ／骨折／ gãy xương
「レントゲン検査の結果、骨折はしていませんでした。」

□ **症状** symptoms ／症状／ triệu chứng
「薬が効いて、症状は少しずつ軽くなってきました。」
▶風邪の症状、症状が出る

□ **食後** after eating ／饭后／ sau khi ăn xong
「薬は、一日３回、食後に飲んでください。」

□ **診察**（する） (to) examine ／诊察／ khám bệnh
「なかなかよくならないので、一度、病院で診察してもらったほうがいい。」
▶診察を受ける、診察時間、診察室

□ **心臓** heart ／心脏／ tim
「薬によって、ある程度、心臓の機能をよくすることができます。」
▶心臓の動き、心臓がどきどきする

□ **頭痛** headache ／头疼／ đau đầu
「今日は朝から頭痛がします。」
▶頭痛薬

□ **精神的** mentally ／精神上／ mang tính tinh thần
「彼はちょっと精神的に弱いところがあります。」
▶精神的な問題

□ **咳** cough ／咳嗽／ ho
「熱はありませんが、咳が止まらなくてつらいです。」
▶咳止めの薬

□ **体調** physical condition ／身体状况／ tình trạng sức khoẻ
「寝不足が続いていて、体調があまりよくありません。」
▶体調が悪い、体調を崩す、体調を整える

□ **調子** condition ／状况／ tình trạng
「最近、胃の調子が悪くて、あまり食べられません。」
▶調子がいい、調子を整える

□ **疲れる** to tire ／累／ mệt mỏi
「最近、ずっと忙しくて、ちょっと疲れています。」
▶疲れがたまる、疲れをとる、目の疲れ

□ **肉体的** physically ／肉体的／ mang tính thể chất
〈スポーツ〉「肉体的な限界を感じて、引退を決めました。」

□ **熱が出る** get a fever ／发烧／ bị sốt
「寝ればよくなると思ったのですが、熱が出てきました。」
▶熱がある

□ **吐き気** nausea ／恶心／ buồn nôn
「朝から吐き気があって、何も食べていません。」

□ **めまい** dizziness ／头晕／ chóng mặt
「急にめまいがして、倒れそうになりました。」

□ **レントゲン** x-ray ／Ｘ光／ x-quang
「では、まず、レントゲンを撮りましょう。」
▶レントゲン検査、レントゲン室、レントゲン撮影

交通
Transportation ／交通／ Giao thông

□ **〜口** 〜 exit ／〜出口／ cửa 〜
「駅の北口にバス乗り場があります。」
▶駅の東口、中央口の改札

□ **〜発**（はつ）　leaving at 〜／〜发车／xuất phát lúc 〜

「9 時 10 分発の特急に乗りましょう。」
（じ　ぷんはつ　とっきゅう　の）

□ **〜行き**（い）　going to 〜／开往〜／đi 〜

「京都行きの電車はどこで乗ればいいですか。」
（きょうと　い　でんしゃ　の）

□ **改札**（かいさつ）　ticket gate ／检票／cửa soát vé

「では 2 時に改札の前で会いましょう。」
（じ　かいさつ　まえ　あ）

▶ 改札口、改札の中、改札の外
（かいさつぐち　かいさつ　なか　かいさつ　そと）

□ **工事中**（こう じ ちゅう）
under construction ／施工中／đang xây dựng, đang thi công

工事中のため、ここから先は車が通れない。
（こうじちゅう　さき　くるま　とお）

□ **渋滞**（じゅうたい）（する）　(to be) congested ／堵车／tắc đường

「渋滞しているみたいで、バスが全然動かないんです。」
（じゅうたい　ぜんぜんうご）

▶ 交通渋滞、渋滞を避ける
（こうつうじゅうたい　じゅうたい　さ）

□ **終電**（しゅうでん）　last train／最后一班电车／chuyến tàu cuối cùng trong ngày

「急がないと、終電に間に合わなくなる。」
（いそ　しゅうでん　ま　あ）

□ **新幹線**（しんかんせん）
Shinkansen; bullet train ／新干线／tàu cao tốc shinkansen

「新幹線と飛行機、どっちにしますか。」
（しんかんせん　ひこうき）

□ **乗り換える**（の　か）　transfer ／换车／chuyển tàu

「次の駅で急行に乗り換えましょう。」
（つぎ　えき　きゅうこう　の　か）

□ **乗り越す**（の　こ）　to ride past ／坐过站／lỡ điểm xuống xe

「しまった！　乗り越しちゃった。」
（の　こ）

▶ 乗り越し料金
（の　こ　りょうきん）

□ **乗り場**（の　ば）　boarding location ／乘车地点／điểm lên xe

「すみません、タクシー乗り場はどこですか。」
（の　ば）

▶ 地下鉄の乗り場、バス乗り場
（ちかてつ　の　ば　の　ば）

□ **バス停**（てい）　bus stop ／车站／bến xe buýt

「バス停の少し先にお店があります。」
（てい　すこ　さき　みせ）

□ **〜方面**（ほうめん）　heading toward 〜／〜方面／đi hướng 〜

「大阪方面に行く電車はこれでいいですか。」
（おおさかほうめん　い　でんしゃ）

□ **ホーム**　platform ／大厅／sân ga

「駅のホームにも売店があります。」
（えき　ばいてん）

▶ 2 番ホーム
（ばん）

□ **待合室**（まちあいしつ）　waiting room ／等待室／phòng chờ

「電車の時間まで、待合室で座っていましょう。」
（でんしゃ　じかん　まちあいしつ　すわ）

仕事
（し ごと）

Work ／工作／Công việc

□ **〜部**（ぶ）　number of 〜／〜份／〜 bộ

「これを 10 部コピーしてください。」
（ぶ）

□ **委員**（いいん）　committee member ／委员／uỷ ban

「月に 1 回、委員が集まって会議をしています。」
（つき　かい　いいん　あつ　かいぎ）

▶ 委員に選ばれる
（いいん　えら）

□ **インク**　ink ／墨／mực

「プリンターのインクが切れてしまったようです。」
（き）

□ **印刷**（いんさつ）（する）　(to) print ／印刷／in

「これはカラーで印刷してください。」
（いんさつ）

□ **売上**（うりあげ）　sales ／销售额／doanh thu

前の月に比べ、売上が 10 パーセント増えた。
（まえ　つき　くら　うりあげ　ふ）

▶ 売上目標、売上のデータ、売上が伸びる
（うりあげもくひょう　うりあげ　うりあげ　の）

□ **売り切れ**（う　き）　sell out ／卖光／bán hết hàng

「今日、買いに行ったが、すでに売り切れだった。」
（きょう　か　い　う　き）

□ **係**（かかり）　person in charge／工作人员／(phòng hoặc người) phụ trách

「今回のパーティーでは、受付の係をすることになりました。」
（こんかい　うけつけ　かかり）

□ **書き直す**（か　なお）　re-write ／重写／viết lại

部長にレポートを書き直すように言われた。
（ぶちょう　か　なお　い）

□ **課長**（か ちょう）　section chief ／科长／tổ trưởng

会議に少し遅れそうになったので、課長に連絡を入れた。
（かいぎ　すこ　おく　かちょう　れんらく　い）

□ **技術** technology ／技术／ kỹ thuật
これらの技術を身につけるのに、最低でも２年はかかる。

□ **研修** training ／研修／ thực tập
A社では毎年、新人を対象に研修が行われる。

□ **コピー機** copier ／复印机／ máy in
「3階のコピー機は、故障のため、現在、使えません。」

□ **サイズ** size ／尺寸／ kích cỡ
「サイズは大小２種類あります。」

□ **司会** moderator ／主持／ người dẫn chương trình
「パーティーの司会を田中さんに頼みました。」

□ **出勤**(する) (to) leave for work ／上班／ đi làm
「営業部は９時までに出勤することになっています。」

□ **出張**(する) (to go on a) work trip ／出差／ đi công tác
「来月、ベトナムに出張する予定です。」

□ **準備**(する) (to) prepare ／准备／ chuẩn bị
「忙しくて、出張の準備はまだ何もしていません。」

□ **上司** superior; boss ／上司／ sếp
「そのやり方でいいか、上司に確認して、またご連絡します。」

□ **職場** workplace ／单位／ nơi làm việc
「職場の雰囲気は悪くないと思っています。」

□ **資料** materials ／资料／ tài liệu
「参考までにいくつか資料を用意しました。」
▶会議の資料、資料を配る

□ **スタッフ** staff ／员工／ nhân viên
この店では、今、販売スタッフを募集している。
▶店のスタッフ

□ **席をはずす** to excuse oneself ／不在／ rời khỏi chỗ ngồi
「田中は今、席をはずしております。」

□ **担当**(する) (to) be in charge of ／担任／ chịu trách nhiệm
〈電話〉「ただ今、担当の者におつなぎします。」
▶担当者

□ **中古** used ／二手／ hàng cũ
中古でも全く気にしないという人が多い。
▶中古品、中古車

□ **調整**(する) (to) adjust ／调整／ điều chỉnh
「面接希望者が多いので、時間の調整が大変です。」

□ **通勤** work commute ／通勤／ đi làm
「私の場合、電車とバスで通勤しています。」
▶通勤時間

□ **データ** data ／数据／ dữ liệu
「データの扱いには十分注意してください。」
▶データを集める、貴重なデータ

□ **転勤**(する) (to) transfer jobs ／调转工作／ chuyển nơi làm
(nhưng vẫn trong một công ty)
「急に転勤することになり、驚きました。」
▶海外転勤

□ **伝言**(する) (to) leave a message ／留言／ chuyển lời
田中さんから電話があって、部長に伝言を頼まれた。
▶伝言を残す、伝言メモ

□ **同僚** coworker ／同事／ đồng nghiệp
同僚が結婚することになり、お祝いのスピーチを頼まれた。
▶会社の同僚

□ **日程** program ／日程／ lịch trình
「今、来年春のキャンペーンの日程を組んでいるところです。」

□ **入力**(する) (to) input ／输入／ nhập
「データを入力するだけの簡単な仕事です。」

□ **パンフレット** pamphlet ／小册子／ sách hướng dẫn
「商品別のパンフレットも作る予定です。」
▶旅行パンフレット

□ **ファイル** file ／文件夹、档案／ cái kẹp tài liệu

「資料はこの青い<u>ファイル</u>に入っています。」
「昨日メールでお送りした<u>ファイル</u>はご覧になりましたか。」

▶ファイルを保存する、ファイルをコピーする

□ **部下** subordinate ／部下／ người dưới

部下を育てるのは上司の大切な仕事です。
▶部下に指示をする、部下を持つ

□ **部長** division chief ／部长／ trưởng phòng

「最後は<u>部長</u>に判断してもらうしかない。」
▶営業部長

□ **プリンター** printer ／印刷机／ máy in

「<u>プリンター</u>のインクが切れているようです。」

□ **見直す** re-examine ／重新估价、重新研究／ xem lại

計画を<u>見直す</u>必要があるようだ。
▶原稿を見直す

□ **名刺** business card ／名片／ danh thiếp

「その人とは<u>名刺交換</u>をしたことはあります。」

□ **メモ**（する） (to) take notes ／做笔记／ ghi chép

「机の上に電話番号を書いた<u>メモ</u>があるはずです。」

□ **やり直す** re-do ／重新做／ làm lại

「もう一度、最初から<u>やり直した</u>ほうがいいですね。」

商品・サービス

Products / Services ／商品・服务／ Sản phẩm, dịch vụ

□ **お買い得** bargain ／买得合算／ bán rẻ

「大変<u>お買い得</u>になっていますので、ぜひ、この機会をご利用ください。」

□ **おしゃれ**（な） stylish ／时髦的／ sanh điệu

「<u>おしゃれ</u>な雰囲気が人気のお店です。」

□ **会計** check out ／会计／ thanh toán, tính tiền

「<u>会計</u>はもうお済みでしょうか。」

□ **型** model ／型／ kiểu, mẫu

<u>型</u>や大きさはいくつかの中から選べるようになっている。

▶大型、（中型）、小型

□ **カタログ**

catalog ／商品介绍／ ca-ta-lô, sách giới thiệu sản phẩm

「<u>カタログ</u>の中から好きなものを選べばいいんじゃないですか。」

▶商品カタログ、製品カタログ

□ **家電** consumer electronics ／家电／ đồ điện tử gia dụng

「4階と5階が<u>家電</u>売り場になっています。」
▶家電製品

□ **画面** screen ／画面／ màn hình

「<u>画面</u>はやっぱり大きくて、きれいなほうがいいですね。」

□ **柄** pattern ／花样／ hoa văn

「このシャツは上品な<u>柄</u>だと思う。」

□ **機能** feature ／性能／ chức năng

このプリンターは<u>機能</u>が多くて、いろいろな印刷ができる。

□ **化粧品** cosmetics ／化妆品／ mỹ phẩm, đồ trang điểm

「<u>化粧品</u>は、なるべく天然のものを使っています。」
▶化粧品のサンプル

□ **現金** cash ／现金／ tiền mặt

「お支払は<u>現金</u>、カード、どちらになさいますか。」

□ **原料** raw materials ／原料／ nguyên liệu

「へえ、これも石油が<u>原料</u>なんですか。」

□ **広告** advertisement ／广告／ quảng cáo

「雑誌に<u>広告</u>を出そうと思っています。」

□ **故障**（する） (to) break down ／故障／ hư hỏng

「型が古いから、<u>故障した</u>場合は修理ができないそうです。」

□ **コンパクト（な）** compact ／小型／ nhỏ

「<u>コンパクト</u>なので、旅行に持っていくのに便利です。」

□ **サンプル** sample ／样品／ mẫu thử

「無料の<u>サンプル</u>が置いてありますよ。」

□ **最新** latest ／最新／ mới nhất

「こちらは<u>最新</u>の機能が付いたものです。」

□ **品切れ** out of stock ／没货／ hết hàng

「こちらの商品は大変人気がありまして、現在、<u>品切れ</u>になっております。」

□ **修理（する）** (to) repair ／修理／ sửa chữa

「<u>修理</u>には2週間くらいかかると思います。」

▶ 修理代

□ **新品** new article ／新商品／ hàng mới

「<u>新品</u>なのに、もう壊れてしまった。」

□ **性能** performance ／性能／ tính năng

「<u>性能</u>はこっちのほうがいいけど、ちょっと高すぎる。」

□ **セット** set ／一套／ bộ

「これらを<u>セット</u>で買うと約1000円安くなります。」

▶ セット料金、セット価格、10個セット、セットメニュー

□ **宣伝（する）** (to) publicize ／宣传／ quảng cáo

「まだまだ知られていないから、もっと<u>宣伝</u>しなくちゃ。」

▶ 宣伝効果

□ **操作（する）** (to) operate ／操作／ thao tác

「リモコンで簡単に<u>操作</u>できます。」

▶ 操作方法

□ **素材** materials ／素材／ vật liệu

「柔らかい<u>素材</u>だから、触ると気持ちいいですね。」

□ **チケット** ticket ／票／ vé

「<u>チケット</u>はネットでもう買いました。」

▶ 映画のチケット、コンサートチケット、新幹線のチケット

□ **調節** adjustment ／调节／ điều chỉnh

「温度はリモコンのこのボタンで<u>調節</u>します。」

□ **チラシ** flyer ／广告、传单／ tờ quảng cáo

「宣伝用に<u>チラシ</u>を作ってあちこちに送りましょう。」

□ **包む** wrapped up ／包装／ bao bọc

「プレゼント用に簡単に<u>包ん</u>でもらえますか。」

□ **デザイン** design ／设计／ thiết kế

「安いのはいいんだけど、<u>デザイン</u>がよくない。」

□ **得（な）** profit ／合算／ có lợi

「<u>お得</u>なセットメニューもあります。」

□ **値引き** discount ／减价／ giảm giá

「いろいろ買ったら、少し<u>値引き</u>してくれた。」

□ **発売（する）** (to put on) sale ／开始贩卖／ bắt đầu bán

新商品は来月<u>発売</u>予定ということだ。

□ **半額** half-off ／半价／ nửa giá

特別セールでは、<u>半額</u>になっている商品もあった。

□ **販売（する）** (to) sell ／贩卖／ buôn bán

「この商品はすでに<u>販売</u>を始めています。」

□ **部品** parts ／零件／ bộ phận

<u>部品</u>を交換したら、また使えるようになるそうだ。

□ **返品（する）** (to) return ／退货／ trả lại hàng hoá

レシートがないと、<u>返品</u>はできない。

□ **見本** sample ／样本／ kiểu mẫu

「<u>見本</u>があれば、一つ送ってもらえませんか。」

□ **無料** free of charge ／免费／ miễn phí

「小さい子どもは<u>無料</u>で入れるということです。」

▶ 無料のサービス

□ **持ち運び** carry in ／搬运／ mang đi, đêm đi

「このカメラは軽くてコンパクトなので、<u>持ち運び</u>に便利です。」

□ **模様**（もよう） design ／模样／ hoa văn
「コーヒーカップは何も<u>模様</u>がないほうが好きです。」

□ **有料**（ゆうりょう） fee-paid ／要钱／ mất phí
「自転車を借りることはできるけど、<u>有料</u>だということです。」

□ **リモコン** remote control ／遥控／ điều khiển
「こちらがテレビ用の<u>リモコン</u>です。」

□ **割引**（する） (to) discount ／减价／ giảm giá
「会員の方は 1 <u>割引</u>でご利用になれます。」

趣味・スポーツ・旅行（しゅみ・スポーツ・りょこう）

Hobbies / Sports / Trip ／兴趣・运动・旅行／ Sở thích, thể thao, du lịch

□ **演奏**（する）
(to put on a) musical performance ／演奏／ biểu diễn âm nhạc
素晴らしい<u>演奏</u>に心から感動した。
▶ ピアノ演奏

□ **お土産**（みやげ） souvenir ／旅行时买的当地特产／ quà
友だちに沖縄旅行の<u>お土産</u>をもらった。
▶ 土産物屋（みやげものや）

□ **温泉**（おんせん） hot springs ／温泉／ suối nước nóng
最近、ずっと忙しいので、のんびり<u>温泉</u>にでも行きたい。
▶ 温泉旅館（おんせんりょかん）

□ **観光**（かんこう） tourism ／观光／ tham quan du lịch
「今回は仕事でなく、<u>観光</u>で北海道に行きます。」
▶ 観光客、観光案内所（かんこうきゃく　かんこうあんないじょ）

□ **休暇**（きゅうか） holiday ／休假／ kỳ nghỉ
「<u>休暇</u>をとって、近くの温泉に行きました。」

□ **稽古**（する）（けいこ） (to) practice ／业余爱好学习／ luyện tập
「<u>稽古</u>は毎日続けています。」
▶ 柔道の稽古、踊りの稽古（じゅうどう　けいこ　おど　けいこ）

□ **決勝**（けっしょう） finals ／决胜／ chung kết
「次の試合に勝てば、<u>決勝</u>に出られます。」

□ **作品**（さくひん） (artistic) work ／作品／ tác phẩm
「誰でも知っている有名な<u>作品</u>も見ることができました。」
▶ 文学作品、芸術作品、作品の評価（ぶんがくさくひん　げいじゅつさくひん　さくひん　ひょうか）

□ **スポーツジム／ジム**
gym ／健身房／ phòng gym, phòng tập thể dục
「健康のために、週に 3 回、<u>ジム</u>に通っています。」

□ **大会**（たいかい） tournament ／大会／ đại hội
「全国<u>大会</u>に出たのは初めてで、少し緊張しました。」
▶ 世界大会（せかいたいかい）

□ **頂上**（ちょうじょう） summit ／山顶／ đỉnh
「<u>頂上</u>まであと 50 メートルくらいです。」
▶ 頂上まで登る、頂上からの景色（ちょうじょう　のぼ　ちょうじょう　けしき）

□ **読書**（どくしょ） reading ／读书／ đọc sách
「<u>読書</u>以外に何か趣味はありますか。」

□ **美術館**（びじゅつかん） art museum ／美术馆／ bảo tàng mỹ thuật
<u>美術館</u>に行こうとしたが、休館日だった。

□ **ふもと** foot (of a mountain) ／山脚／ chân
「山の<u>ふもと</u>までは、バスで行きます。」

□ **遊園地**（ゆうえんち） amusement park ／游乐园／ công viên vui chơi
<u>遊園地</u>の入場料が半額になる割引券をもらった。

□ **優勝**（する）（ゆうしょう） (to) win ／冠军、第一名／ vô địch
「<u>優勝</u>をめざしていましたが、決勝で負けてしまいました。」

□ **余暇**（よか） leisure time ／闲余时间／ kỳ nghỉ
「<u>余暇</u>の過ごし方について、調査をしてみました。」

□ **ロビー** lobby ／大厅／ sảnh
「ホテルの<u>ロビー</u>で 3 時に会うことにしました。」

□ **和室** Japanese-style room ／日式房间／ phòng kiểu Nhật
「家族旅行なので、ホテルは和室で予約しました。」

□ **キャンセル**（する） (to) cancel ／取消／ huỷ bỏ
「急な用事が入ったので、ホテルはキャンセルしました。」

□ **取り消す** cancel ／取消／ huỷ bỏ
「とりあえず、予約は取り消しました。」

人
People ／人／ Người

□ **相手** other party ／对方／ đối phương
試合の相手はまだ決まってないが、必ず勝つつもりだ。

□ **エンジニア** engineer ／工程师／ kỹ sư
彼は専門学校で自動車のエンジニアになるための勉強をしている。

□ **お子さん** 「（人の）子ども」の丁寧な言い方。
「元気なお子さんですね。」

□ **おとな** adult ／大人／ người lớn
「もう大人なんだから、自分の行動に責任を持ってください。」

□ **会員** member ／会员／ thành viên
「会員の場合、参加費が割引になります。」

□ **観客** audience ／游览客人／ khán giả
選手たちは観客の声にこたえて手を振った。
▶観客席

□ **監督** director ／导演／ đạo diễn, huấn luyện viên
試合後のインタビューで、監督は選手たちをほめた。
▶映画監督

□ **記者** reporter ／记者／ phóng viên
「将来は記者になりたいと思っています。」
▶新聞記者

□ **講師** lecturer ／讲师／ giảng viên
「彼はパソコン教室の講師もしています。」
▶語学学校の講師

□ **後輩** junior ／学弟学妹／ người vào sau
「大学の後輩から就職の相談を受けました。」

□ **コーチ** coach ／教练／ huấn luyện viên
「コーチはいつも練習の目的を丁寧に説明してくれます。」

□ **ご主人** husband ／主人、丈夫／ chồng (của người khác)
「ご主人は今日はお出かけですか。」
▶彼女のご主人

□ **作家** author ／作家／ nhà văn
「高校生のころは作家になりたいと思っていました。」
▶作家志望、人気作家

□ **参加者** participant ／参加者／ người tham gia
「参加者にはさまざまな年齢、職業の人がいました。」

□ **実家** family home ／娘家／ nhà bố mẹ đẻ
「毎年、正月には実家に帰っています。」

□ **市民** citizen ／市民／ người dân thành phố
「ここは小さいですが、昔から市民に愛されている公園です。」
▶市民の声を聞く

□ **住民** inhabitant ／住民／ người dân
工事計画について、住民への説明会が行われた。

□ **職人** artisan ／工匠／ người thợ
「職人の技術に感心するばかりでした。」
▶家具職人、時計職人

□ **女性** female ／女性／ phụ nữ
「ここは特に女性に人気のお店です。」
▶女性用トイレ

□ **女優**（じょゆう） actress ／女演员／ diễn viên nữ
「子どものころは、<u>女優</u>になるのが夢でした。」

□ **全員**（ぜんいん） all individuals ／全体人员／ tất cả mọi người
「これからクラスの<u>全員</u>に連絡しなければなりません。」

□ **選手**（せんしゅ） player ／选手／ cầu thủ
「負けたけど、<u>選手</u>たちはみんなよく頑張ったと思います。」

□ **先輩**（せんぱい） senior ／学长／ người đi trước
「<u>先輩</u>にはいろいろアドバイスしてもらいました。」

□ **専門家**（せんもんか） expert ／专家／ chuyên gia
「<u>専門家</u>の間でも意見が分かれています。」

□ **代表**（だいひょう） representative ／代表／ đại biểu
「国を<u>代表</u>して、全力でがんばります。」
▶ <u>代表</u>になる、<u>代表</u>選手

□ **男性**（だんせい） male ／男性／ đàn ông
「<u>男性</u>は全員、荷物を運んでください。」

□ **チーム** team ／小组／ nhóm, đội
「<u>代表チーム</u>に入ることができて、とてもうれしいです。」

□ **（お）年寄り**（としより） elderly ／老年人／ người già
「<u>お年寄り</u>には席をゆずるようにしましょう。」

□ **俳優**（はいゆう） actor ／演员／ diễn viên
「<u>俳優</u>になるために、毎日、演技のけいこをしています。」

□ **夫婦**（ふうふ） married couple ／夫妇／ vợ chồng
「あの二人は仲のいい<u>夫婦</u>ですね。」

□ **リーダー** leader ／领导／ người dẫn đầu
「彼はチームの<u>リーダー</u>にふさわしいと思います。」

性格・気持ち（せいかく・きもち）

Personality / Feelings ／性格・心情／ Tính cách, tâm trạng

□ **嫌がる**（いやがる） dislike ／讨厌／ ghét, không thích
「彼はスピーチをするのを<u>嫌がって</u>いました。」

□ **おとなしい** subdued ／老师／ hiền lành
「彼女は<u>おとなしい</u>けど、自分の意見をはっきり言う人ですよ。」

□ **活躍（する）**（かつやく） to be active ／活跃／ hoạt động tích cực
彼女は女優だけでなく、さまざまな分野で<u>活躍し</u>ている。

□ **気楽（な）**（きらく） carefree ／安闲（的）／ lạc quan, thoải mái
「もっと<u>気楽</u>に考えたほうがいいですよ。」

□ **消極的（な）**（しょうきょくてき） passive ／消极（的）／ tiêu cực
「そんな<u>消極的</u>な考え方じゃ、だめですよ。」

□ **積極的（な）**（せっきょくてき） assertive ／积极（的）／ tích cực
「もっと<u>積極的</u>に意見を言ってください。」

□ **不安（な）**（ふあん） uneasy ／不安（的）／ lo lắng
「経験がないので、いろいろ<u>不安</u>です。」
▶ <u>不安</u>を感じる、<u>不安</u>な日々

□ **不満（な）**（ふまん） dissatisfied ／不满（的）／ không hài lòng
「部長はちょっと<u>不満</u>そうな顔をしていた。」
▶ <u>不満</u>を述べる

□ **無口（な）**（むくち） taciturn ／不爱说话（的）／ ít nói
「彼は<u>無口</u>なだけで、怒ってるわけではありません。」

生活・社会（せいかつ・しゃかい）

Life / Society ／生活・社会／ Cuộc sống, xã hội

□ **安全（な）**（あんぜん） safe ／安全（的）／ an toàn
「火事が起きたら、まず<u>安全</u>な場所に逃げることです。」

PART ❶ 基礎編　PART ❷ 対策編　課題理解　ポイント理解　概要理解　即時応答　統合理解　PART ❸ 模擬試験　試験に出る言葉

□ **駅前** in front of a station ／站前／ trước nhà ga
えきまえ
「駅前に新しいラーメン屋ができたそうです。」
えきまえ あたら や

□ **環境** environment ／环境／ môi trường
かんきょう
「まだ新しい環境に慣れていないんだと思います。」
あたら かんきょう な おも
▶環境を守る、地球環境
かんきょう まも ちきゅうかんきょう

□ **危険**（な） dangerous ／危险／ nguy hiểm
きけん
「ここは危険だから、近づかないでください。」
きけん ちか

□ **切れる** run out ／用完／ hết
き
「バターがもうすぐ切れるから、買わないと。」
き か

□ **近所** neighborhood ／近处／ gần nhà
きんじょ
「近所に市の図書館があります。」
きんじょ し としょかん

□ **景気** condition ／景气／ tình hình kinh tế
けいき
「もう少し景気がよくなればいいんですが。」
すこ けいき

□ **敬語** polite language ／敬语／ kính ngữ
けいご
「日本人でも敬語の使い方を間違っている人は多い
にほんじん けいご つか かた まちが ひと おお
です。」

□ **充実**（する） (to be) full ／充实／ sung túc
じゅうじつ
「充実した大学生活を送ることができました。」
じゅうじつ だいがくせいかつ おく

□ **商店街** shopping district ／商店街／ khu mua sắm
しょうてんがい
「駅前の商店街はいつもにぎやかですね。」
えきまえ しょうてんがい

□ **設備** equipment; facilities ／设备／ thiết bị
せつび
「この学校は設備が充実しています。」
がっこう せつび じゅうじつ

□ **建物** building ／建筑／ toà nhà
たてもの
「この辺りは歴史があって、古い建物が多いですね。」
あた れきし ふる たてもの おお

□ **都会** city ／都市／ đô thị
とかい
「昔は都会の暮らしに憧れました。」
むかし とかい く あこが
▶大都会
だいとかい

□ **美容院** beauty parlor ／美容院／ tiệm làm tóc
びよういん
「午後は美容院に行く予約を入れています。」
ごご びよういん い よやく い

□ **服装** attire ／服装／ cách ăn mặc
ふくそう
「面接では服装にも十分注意してください。」
めんせつ ふくそう じゅうぶんちゅうい

□ **不景気**
ふけいき
business depression ／不景气／ tình hình kinh tế không tốt
「最近、世の中が不景気になっているように感じます。」
さいきん よ なか ふけいき かん

□ **物価** cost of goods ／物价／ vật gía
ぶっか
「地方のほうが少し物価が安いと思います。」
ちほう すこ ぶっか やす おも

□ **不便**（な） inconvenient ／不方便（的）／ bất tiện
ふべん
「電車やバスが少なくて、ちょっと不便です。」
でんしゃ すく ふべん

□ **家賃** rent ／房租／ tiền thuê nhà
やちん
「家賃が5、6万円の部屋を探しています。」
やちん まんえん へや さが

□ **リサイクル** recycle ／废品利用／ tái sử dụng
〈ごみ〉「これはリサイクルできるから、あっちに
置いてください。」
お

その他
た
Other ／其他／ Khác

□ **〜分** for 〜／〜份儿／ phần
ふん
「5人分の材料を買いました。」
にんぶん ざいりょう か
▶3日分の食べ物
かぶん た もの

□ **確認**（する） (to) confirm ／确认／ xác nhận
かくにん
「時間と場所を確認しておいてください。」
じかん ばしょ かくにん

□ **きっかけ** impetus ／契机／ sự khởi đầu, cơ hội
「この仕事を始めたきっかけは何だったんですか。」
しごと はじ なに
▶きっかけになる

□ **携帯** mobile (phone) ／手机／ điện thoại di động
けいたい
「彼と連絡をとりたいんですが、携帯の番号を知り
かれ れんらく けいたい ばんごう し
ませんか。」
▶携帯電話
けいたいでんわ

□ **賛成**（する） (to) approve ／赞成／ tán thành
さんせい
「みんな、彼の意見に賛成した。」
かれ いけん さんせい

□ **地味（な）**　plain ／素／ giản dị, mộc mạc

「ちょっと地味だなあ。もうちょっと明るい感じの
ほうがいいね。」

□ **人数**　number of people ／人数／ số người

「人数が少し足りないようです。」

□ **派手（な）**　flashy ／鲜艳／ loè loẹt, sặc sỡ

「お父さんが着るには、柄がちょっと派手かもしれ
ない。」

□ **反対（する）**　(to) oppose ／反对／ phản đối

「反対の理由を教えてください。」
▶反対意見

□ **費用**　cost ／费用／ chi phí

「費用は全部でいくらくらいかかりますか。」
▶旅行の費用

□ **評価（する）**　(to) evaluate ／评价／ đánh giá

「作品に対する評価はさまざまですね。」
▶高い評価

□ **変更（する）**　(to) change ／更改／ thay đổi

「すみません、集合場所が変更になりました。」

□ **量**　quantity ／量／ số lượng

「味はまあまあだけど、量がちょっと少ない。」
▶量をはかる、量が増える

□ **うっかり**　carelessly ／疏忽／ vô tình

「すみません。電話することをうっかり忘れてしま
いました。」

□ **至急**　urgent ／火急／ khẩn cấp, ngay lập tức

「大事な用があるので、至急、電話をください。」
▶大至急

□ **そう言えば**　which reminds me ／那么说的话／ nói thế
mới nhớ, tự nhiên nhớ ra

「そう言えば、引っ越しはもうしたんですか。」

□ **ところで**　by the way ／不过 …（转换话题）／ thế còn

「ところで、就職活動はいつから始めるんですか。」

□ **なるべく**　as much as possible ／尽量／ trong khả năng có
thể, càng … càng tốt

「なるべく駅から近いところがいいです。」

□ **やっぱり**　after all ／还是／ quả nhiên

「やっぱり別の店にしませんか。」

PART ❶ 基礎編

PART ❷ 対策編

課題理解　ポイント理解　概要理解　即時応答　統合理解

PART ❸ 模擬試験

試験に出る言葉

 How to Download Voice Data

STEP 1

Access the voice download website!

(Input the following URL:)
URL : http://febe.jp/jresearch

STEP 2

Continue to the FeBe registration page from the one displayed to register as a member.

Click 「FeBe に会員登録（無料）」
（かいいんとうろく　むりょう）
(Register to be a FeBe Member (Free))

※ To download voice data, you must register for the FeBe audiobook delivery service (registration is free).

Enter your email address, password (8 or more alphanumeric characters), name, birthday, and gender on the registration page ▶ Read the Terms of Service ▶ Click 「確認」(Confirm)
（かくにん）
▶ Registration complete

STEP 3

Return to the download page from the 「ご登録 が完了しました」 page.
（とうろく）
（かんりょう）

Click 「ダウンロードページ」 (Download Page), then enter "23607" in the field under 「シリアルコードをご入力ください」 (Please enter your
（にゅうりょく）
serial code) on the page displayed and click 「送信」 (Send).
（そうしん）

STEP 4

Download voice data.

Click 「無料でオーディオブックを受け取る」
（むりょう）　　　　　　　　　　　　　（う　と）
▶ Click 「本棚で確認する」 ▶ Click 「ダウンロード」
（ほんだな　かくにん）
(Download 「全体版」)
（ぜんたいばん）

※ If you are using a PC, please download voice data from 「本棚」. If you are using a
（ほんだな）
smartphone, a guide will appear for the FeBe app. Please use the voice files through the app.

🛈 Notice

・ Voice data can be played from your PC, your iPhone, or your Android smartphone.

・ Voice data can be downloaded and played as many times as you wish.

・ For questions about downloads, please contact: info@febe.jp (Emails will be received from 10 AM to 8 PM on weekdays).

 音声ダウンロードの手順

STEP 1

音声ダウンロード用の
サイトにアクセス！

（下記 URL を直接入力）
URL：http://febe.jp/jresearch

⬇

STEP 2

表示されたページから、
FeBe への登録ページに
進み、会員登録をする。

「FeBe に会員登録（無料）」をクリック

※ 音声のダウンロードには、オーディオブック配信サービス
「FeBe」への会員登録（無料）が必要です。

登録ページでメールアドレス・パスワード（英数
字の８ケタ以上）・名前・生年月日・性別を入力
▶規約を読む▶「確認」をクリック▶登録完了

⬇

STEP 3

「ご登録が完了しました」
のページからダウンロー
ドのページに戻る。

「ダウンロードページ」をクリックして、表示さ
れたページの「シリアルコードをご入力ください」
の下の欄に「23607」を入力して「送信」をク
リックする。

⬇

STEP 4

音声をダウンロードする。

「無料でオーディオブックを受け取る」をクリック
▶「本棚で確認する」をクリック▶「ダウンロード」
をクリック（「全体版」をダウンロード）

※ PC の場合は、「本棚」から音声をダウンロードしてく
ださい。スマートフォンの場合は、アプリ「FeBe」の
案内が出ますので、アプリからご利用ください。

❗ ご注意

・PC からでも、iPhone や Android のスマートフォンからでも音声を再生いただけます。

・音声は何度でもダウンロード・再生いただくことができます。

・ダウンロードについてのお問い合わせ先：info@febe.jp （受付時間：平日の10〜20時）

"""

● 著者

氏原 庸子（大阪 YWCA 専任講師）
清島 千春（　　　〃　　　）
佐伯 玲子（　　　〃　　　）

レイアウト・DTP　　オッコの木スタジオ
カバーデザイン　　花本浩一
本文イラスト　　杉本千恵美
翻訳　　Alex Ko Ransom ／司馬黎／
近藤美佳／ DUONG THI HOA
編集協力　　高橋尚子／青木幸子

ご意見・ご感想は下記の URL までお寄せください。
http://www.jresearch.co.jp/contact/

日本語能力試験　Ｎ２聴解　必修パターン

平成 29 年（2017 年）　11 月 10 日　初版 第 1 刷発行
平成 30 年（2018 年）　6 月 10 日　　　第 2 刷発行

著　者　氏原庸子・清島千春・佐伯玲子
発行人　福田富与
発行所　有限会社Ｊリサーチ出版
〒 166-0002　東京都杉並区高円寺北 2-29-14-705
電　話　03(6808)8801（代）　FAX 03(5364)5310
編集部　03(6808)8806
http://www.jresearch.co.jp
twitter 公式アカウント　@ Jresearch_
https://twitter.com/Jresearch_
印刷所　中央精版印刷株式会社

〈模擬試験〉答えとスクリプト

〈Practice Test〉
Answers and Scripts

〈模拟考试〉
回答与剧本

〈bài thi mô phỏng thực tế〉
đáp án và kịch bản

問題1
もんだい

1番
ばん

Disc 2
28

遊園地の窓口で男の人が料金について聞いています。
ゆうえんち まどぐち おとこ ひと りょうきん き
男の人は全部でいくら払いますか。
おとこ ひと ぜんぶ はら

M：すみません、大人2人と子ども2人なんですが…。
おとな ふたり こ ふたり

F：はい、入場券は大人1000円、お子様500円です。
にゅうじょうけん おとな えん こさま えん
乗り物券は1回分が400円、10回分が3000円
の もの けん かいぶん えん かいぶん えん
となっております。1日券ですと、大人3500円、
にちけん おとな えん
子ども1名2500円で、いずれも1日乗り物券が
こ めい えん にち の もの けん
ついています。

M：そうですか、じゃあ、1日券で……。
にちけん

F：お客様、ご家族用にファミリーパックというもの
きゃくさま かぞくよう
が、ございまして、4名様10000円でご利用いた
めいさま えん りよう
だけますが。

M：あ、それは安いですね。じゃ、それで。
やす

F：はい、かしこまりました。あの、ご家族の中に今
かぞく なか こん
月、お誕生日を迎える方はいらっしゃいますか。
げつ たんじょうび むか かた

M：はい。息子が誕生日です。それで今日、お祝いに
むすこ たんじょうび きょう いわ
ここに来たんです。
き

F：そうですか。それはおめでとうございます。それ
でしたら、お誕生日割引で1日券が半額になり
たんじょうび わりびき にちけん はんがく
ます。

M：そうなんですか。じゃ、それにします。

男の人は全部でいくら払いますか。
おとこ ひと ぜんぶ はら

正解：2
せいかい

📖 ことばと表現
ひょうげん

□ 遊園地：theme park ／游乐园／ công viên giải trí
ゆうえんち

□ 窓口：teller window ／窗口／ quầy
まどぐち

□ ～分：share ／～人份儿／ phần
ぶん

□ 割引：discount (tenths-off) ／减价／ giảm giá
わりびき

□ 半額：half-off ／半价／ nửa giá
はんがく

※（3500×2）＋（2500×2）＝12000
12000÷2＝6000（1日券が半額になる）
にちけん はんがく

2番
ばん

Disc 2
29

学校の事務所で男の学生が事務員と話しています。
がっこう じむしょ おとこ がくせい じむいん はな
男の学生は何をしなければなりませんか。
おとこ がくせい なに

M：すみません。おとといのテストなんですが、病気
びょうき
で受けられなかったんです。再テストを受けるこ
う さい う

とはできないでしょうか。

F：再テストを受けたいということを学校に連絡しま
さい う がっこう れんらく
したか。

M：いえ、高熱で寝ていたので、学校には連絡してい
こうねつ ね がっこう れんらく
ません。

F：そうですか。お医者さんには行きましたか。
いしゃ い

M：はい、行きました。
い

F：じゃあ、お医者さんに行ったときの領収書があり
いしゃ い りょうしゅうしょ
ますよね。それを持ってきて、再テストの申し込
も さい もう こ
みをしてください。本当は、休む日に学校に連絡
ほんとう やす ひ がっこう れんらく
することになっていますが、大変だったんですね。
たいへん

M：はい、大変でした。あのう、領収書はいま、持っ
たいへん りょうしゅうしょ も
ていないんですが……。

F：じゃ、明日、この用紙と一緒に提出してください。
あした ようし いっしょ ていしゅつ

M：はい、わかりました。

男の学生は何をしなければなりませんか。
おとこ がくせい なに

正解：3
せいかい

📖 ことばと表現
ひょうげん

□ 領収書：receipt ／收据／ biên lai
りょうしゅうしょ

□ 申し込み：application ／报名／ đăng ký
もう こ

□ 連絡（する）：(to) contact ／联系／ liên lạc
れんらく

□ 用紙：blank form ／用纸／ giấy chuyên dụng
ようし

□ 提出（する）：(to) submit ／提出／ nộp
ていしゅつ

3番
ばん

Disc 2
30

会社で女の人と男の人が話しています。男の人はこれ
かいしゃ おんな ひと おとこ ひと はな おとこ ひと
から何をしますか。
なに

F：あ、木村さん。今日の午後の説明会なんだけど、
きむら きょう ごご せつめいかい
あなた、やってくれない？

M：え、山田さんがプレゼン担当でしたよね。山田さ
やまだ たんとう やまだ
んは？

F：それが、インフルエンザなんだって。

M：あぁ、無理してましたからね、ここのところ。
むり

F：で、木村さん、一緒に準備してたから、大丈夫だ
きむら いっしょ じゅんび だいじょうぶ
よね。

M：はい、何とかできると思います。あ、ただ、資料
なん おも しりょう
を追加したいって言ってましたけど、それがどう
ついか い
なったか、聞いていません。
き

F：それは今朝、本人から聞いた。これからメールで
けさ ほんにん き
送るって。
おく

M：そうですか。2階ホールで1時から受け付け開始
かい じ う つ かいし

F：追加の資料はもう少し時間がかかりそうだから、それまでに機械の方の<u>セッティング</u>、しておいてくれる？

M：はい、わかりました。プレゼンの原稿をチェックしたら、すぐ行きます。

F：急に頼んで悪いわね。でも、ありがとう。じゃ、早めにお昼済ませて、1時間前に<u>ホール</u>に集合ね。

男の人はこれから何をしますか。

正解：2

📖 ことばと表現

□ **プレゼン**：presentation ／发表／ trình bày

□ **インフルエンザ**：influenza ／流感／ cảm cúm

□ **資料**：materials ／资料／ tài liệu

□ **セッティング**：arranging ／布置／ sắp đặt, bố trí

□ **原稿**：manuscript ／原稿／ bản thảo

□ **ホール**：hall ／大厅／ sành

4番

Disc 2

31

女の先生と留学生が話しています。留学生はこのあと何をしなければなりませんか。

F：留学生交流ハイキングの案内はできましたか。

M：はい、これがポスターのデザインサンプルです。これでよければ、印刷して、いろんなところに貼りたいと思います。

F：どれどれ、ぱっと見た印象はいいわね。あれ？留学生の交流プログラムってあまり目立たないわね。もう少し字を大きくしたら？

M：ああ……。でも、自然の中を歩くっていうのをメインにして、情報は少なくしたんです。

F：そうか、それもそうね。説明会もするしね。あ、これこれ、連絡先はメールだけでいいんじゃない？

M：あ、電話の人もいるかなって思って。

F：それはそうなんだけど、あとが大変なのよ。急な変更を知らせたりするとき、つながらなかったりするでしょう？　それに何か送る場合、また住所を聞かなきゃなんなくて、手間がかかりすぎるのよ。

M：なるほど。じゃ、そこを抜いて、印刷しちゃっていいですか。

F：そうね。じゃ、お願いしますね。

留学生はこのあと何をしなければなりませんか。

正解：3

📖 ことばと表現

□ **交流**（する）：(to) interact ／交流／ giao lưu

5番

Disc 2
32

マンションで男の人が「敬老の日」について説明しています。委員の人は、敬老の日に、まず何をしなければなりませんか。

M：では、敬老の日の記念品について説明します。今回、記念品をお渡しするのは、現在、このマンションにお住まいの65歳以上の方です。まず、前日の午後7時にタオルを用意しますので、委員の方は、人数分のタオルを集会室まで取りに来てください。タオルですが、これはすぐには配らないでください。当日、<u>おまんじゅう</u>が朝の10時ごろ、届きますので、おまんじゅうとタオルをセットにして配ってください。おまんじゅうは玄関ホールに用意します。で、相手がお留守で、午後3時ごろまでに渡せなかったものは、私の部屋、8階の805号室まで持ってきてください。はい、こちらがリストです。当日まで必要なので、なくさないでください。

委員の人は、敬老の日に、まず何をしなければなりませんか。

正解：3

📖 ことばと表現

□ **敬老の日**：祝日の一つ。お年寄りに尊敬の気持ちを表し、長寿を祝う。

□ **（お）住まい**：住むこと。

□ **（お）まんじゅう**：和菓子の一つ。

6番

Disc 2
33

病院で女の医者が患者と話しています。患者はこれからどこに行きますか。

F：はい、では次に検査に行っていただきます。まず、4階で血液検査を受けてください。一つ上の階です。4番の窓口にこのファイルを出してください。

M：4番の窓口ですね。

F：それからレントゲンですね。血液検査の窓口の並びにあります。6番の窓口です。4階に行かれたとき、すいているほうに先に行ってください。

M：順番はどっちでもいいんですね。

F：ええ。それが終わったら、また内科に戻って、ここの受付にファイルを出して、前で待っていてください。お名前をお呼びします。でも、1時間くらいはかかりますから、その間にお食事をされるといいかもしれません。レストランは8階にあります。

M：わかりました。

F：お食事は検査のあとでお願いしますね。

M：はい、わかりました。

F：もし、ご気分が悪くなったりしたら、1階の総合案内か、お近くのスタッフに言ってください。

M：わかりました。

患者はこれからどこに行きますか。

正解：3

📖 ことばと表現
• • • • • • • • •

□ 血液：blood ／血液／ máu

1番　　　　　　　　　　　　　　　　Disc 2

35

男の人と女の人が話しています。女の人はなぜ怒りましたか。

M：ごちそうさま。

F：あ、お皿、洗ってもらえる？

M：え〜。

F：私、もう出かけるから。ね、お願い。

M：しょうがないなあ。ぼくもあまり時間ないんだけどなあ。

F：ていねいに洗ってね。この前、コップの汚れがちゃんと落ちてなかったよ。

M：わかってるって。

F：ああ、また！　水の無駄づかいはやめてって、いつも言ってるでしょ。

M：このぐらい、別にいいじゃない。

F：だめよ。こういうのは習慣の問題なんだから。

M：わかったよ。止めればいいんだろう？

F：そうよ、もったいないでしょ。じゃ、洗い終わったら、拭いて食器棚にしまっておいてね。

M：はいはい。行ってらっしゃい。

女の人はなぜ怒りましたか。

正解：2

📖 ことばと表現
• • • • • • • • •

□ 無駄づかい：無駄が出るような使い方をすること。

□ もったいない：まだ役に立つものが十分に生かされないで残念に思う気持ち。

□ しまう：close ／収拾、放進／ cất

2番　　　　　　　　　　　　　　　　Disc 2

36

男の人と女の人が話しています。女の人が見つけたのはどんな花ですか。

F：ねえ、見て、見て。あの花、珍しい！

M：どれ？　あの黄色くて大きい花？　あれなら、向こうでさっきも見たよ。

F：そうじゃなくて、その近くの白っぽいの。ほら、あそこ。川のそばにいくつか咲いているでしょう？

M：ああ、確かにあまり見たことないねえ。なんてい

うんだろう。

F：もっと近くで見られないかなあ。<u>立入禁止</u>だなんて、残念。

M：あんまり近づくと危ないよ。なんか、小さい花が集まって、丸い形になっているみたいだね。

F：え？　丸い形？　私が言ってるのは、あれよ。<u>ベル</u>みたいな形の花が<u>たて</u>に２列に並んでいる……。

M：ああ、あの薄いピンクのことか。白いっていうから、別のだと思ったよ。

F：だって、さっきは白っぽく見えたんだもん。

女の人が見つけたのはどんな花ですか。

正解：4

📖 ことばと 表現

□ **白っぽい**：白のように見える。

□ **立入禁止**：中に入ってはいけないことを示す言葉。

□ **ベル**：bell ／鈴／ chuông

□ **縦**：vertical ／纵／ chiều dọc

3番

Disc 2
TR **37**

先生と学生が話しています。学生はどこを書き直しますか。

先生：カンさん、大学の<u>志望理由書</u>、できましたか。

学生：ええ、まだ途中までなんですが、見ていただけますか。

先生：いいですよ。この前注意したところは書き直した？

学生：はい、日本に留学した理由は詳しく書きました。

先生：えっと……そうね。こんな感じでいいと思いますよ。

学生：でも、その学部を選んだ理由がうまく書けなくて……。

先生：そう？　でも、前より良くなっていますよ。自分の経験も入れて、具体的でいいですよ。それで、将来は……日本企業で働きたいと。これだけ？　短いし、<u>漠然</u>としてますね。例えば、どの分野に興味があるの？

学生：今のところは、貿易とか国際関係を考えているんですが。

先生：じゃあ、それも入れて書き直して。えっと、それから、この大学で学びたいことは……あれ、まだ書いていないじゃない。

学生：あ、そこは今週の土曜日に<u>オープンキャンパス</u>に行ってから書きます。

先生：そう。じゃ、しっかり見学して書いてね。で、来週の月曜にもう一度見せて。

学生：はい、わかりました。

学生はどこを書き直しますか。

正解：3

📖 ことばと 表現

□ **志望**(する)：自分はこうなりたい、こうしたい、と望むこと。

□ **漠然**：vague ／含糊、笼统／ hàm hồ, không rõ ràng

□ **オープンキャンパス**：大学などで、入学を希望したり考えたりしている人に中を見せること。

4番

Disc 2
TR **38**

台風情報です。台風が関東地方に一番近づくのはいつですか。

M：非常に強い台風22号の接近により、今日2日の夕方から夜にかけて九州地方では大雨や強風、高波となる見込みです。台風の進路によっては、西日本の広い範囲で大雨や強風となる<u>おそれがあり</u>ます。

台風22号は今日の午前2時ごろに沖縄地方に<u>達し</u>、1時間に<u>およそ20キロ</u>の速さで北西へ進んでいます。中心の気圧は970ヘクトパスカル、中心付近の最大風速は35メートル、最大瞬間風速は50メートルで、中心から半径90キロ以内では風速25メートル以上の強風となっています。このあと台風は発達しながら北北西に進み、今夜遅くに九州に接近、その後、東寄りに進路を変えながら、明日3日は西日本の太平洋側を進んで、関東地方に近づくとみられます。この台風の接近により、関東地方は明日の夜遅くから風と雨が強まり、最も接近するのは明後日の午前9時ごろで、通勤通学の足に影響するおそれがあるでしょう。明日の夜から明後日にかけては、強い風と雨にご注意ください。

台風が関東地方に一番近づくのはいつですか。

正解：3

□ ～から～にかけて：～から～までの時間の間。
じかん　あいだ

□ 見込み：forecast ／希望、把握／ triển vọng, dự kiến
みこ

□ 進路：進む方向。
しんろ　すす　ほうこう

□ ～おそれがある：～心配 / 可能性がある。
しんぱい　かのうせい

□ 達する：to reach ／到达／ đến
たっ

□ およそ：約、だいたい。
やく

□ 気圧：atmospheric pressure ／气压／ khí áp
きあつ

□ ヘクトパスカル：A unit that expresses atmospheric pressure ／国际单位制中的压力单位／ đơn vị của khí áp

□ 半径：radius ／半径／ bán kính
はんけい

□ ～寄り：towards ／靠／ bên ～
よ

□ 接近（する）：近づく。
せっきん　　　　　ちか

5番
ばん

Disc 2
TR
39

電話で女の人が話しています。女の人が一番言いたい
でんわ　おんな　ひと　はな　　　　　　　　おんな　ひと　いちばん　い
ことは何ですか。
なん

（留守電の録音が始まる音）
るすでん　ろくおん　はじ　　　おと

F：こんばんは。横浜のひろみです。おじいちゃん、
よこはま
　　ご無沙汰しています。今日、郵便局に行って、結
　　ぶさた　　　　　　　　　　きょう　ゆうびんきょく　い　　　けっ
　　婚のお祝いを受け取りました。先週から旅行で留
　　こん　いわ　　う　と　　　　　　せんしゅう　りょこう　る
　　守にしていて今日まで受け取れませんでした。お
　　す　　　　　　きょう　　う　と
　　礼を言うのが遅くなって、ごめんなさい。こんな
　　れい　い　　　　おそ
　　にたくさん、本当にありがとうございます。新生
　　　　　　　ほんとう　　　　　　　　　　　　しんせい
　　活のために大切に使わせてもらいますね。私は先
　　かつ　　　　たいせつ　つか　　　　　　　　わたし　せん
　　月こちらに引っ越して、たかしさんと生活してい
　　げつ　　　　ひ　こ　　　　　　　　　　せいかつ
　　ます。職場が遠くなって、仕事と家事を両方ちゃ
　　　　　しょくば　とお　　　　しごと　かじ　りょうほう
　　んとやるのが大変ですが、二人で楽しくやってい
　　　　　　　　たいへん　　　　ふたり　たの
　　ます。結婚式に来てもらうことができなかったの
　　　　　けっこんしき　き
　　で、夏には二人でおじいちゃんのところにごあい
　　　　なつ　　ふたり
　　さつに行きますね。これから暑くなりますが、体
　　　　い　　　　　　　　　　あつ　　　　　　　からだ
　　に気をつけてください。じゃあ、また連絡します。
　　　き　　　　　　　　　　　　　　　れんらく

女の人が一番言いたいことは何ですか。
おんな　ひと　いちばん　い　　　　　　なん

正解：1
せいかい

📖 ことばと表現
ひょうげん

□ ご無沙汰しています：「おひさしぶりです。」と同
ぶさた　　　　　　　　　　　　　　　　　　おな
　　じ意味。
　　いみ

6番
ばん

Disc 2
TR
40

男の人が話しています。男の人はどうして驚いたの
おとこ　ひと　はな　　　　　　　おとこ　ひと　　　　　　おどろ
ですか。

M：みなさん、半身浴という言葉を聞いたことがあり
　　　　　　はんしんよく　　　ことば　き
　　ますか。体の半分だけ入浴する、つまり、お風呂
　　　　　からだ　はんぶん　にゅうよく　　　　　　　　ふろ
　　の中で、肩までお湯につからないことです。普通
　　　なか　　かた　　　ゆ　　　　　　　　　　　　ふつう
　　よりもぬるめのお湯に長い時間入ることで、体の
　　　　　　　　　　ゆ　なが　じかんはい　　　　　からだ
　　中からしっかり温まり、疲れがよくとれるように
　　なか　　　　　　　あたた　つか
　　なります。また、汗をかくことで、体の中の悪い
　　　　　　　　　　　あせ　　　　　　　からだ　なか　わる
　　物や脂肪分が体の外に出ていきます。うれしいこ
　　もの　しぼうぶん　からだ　そと　で
　　とにダイエット効果もあるので、冬だけでなく、
　　　　　　　　　こうか　　　　　　　ふゆ
　　暑い夏もおすすめの健康法です。こんなふうに、
　　あつ　なつ　　　　　　　　けんこうほう
　　私は半身浴のお話をすることが多いのですが、み
　　わたし　はんしんよく　はなし　　　　　　　　おお
　　なさん、興味を持っていろいろ質問なさいます。
　　　　　　きょうみ　も　　　　　　　　しつもん
　　お湯の温度は何度ぐらいがいいのか、何分ぐらい
　　　ゆ　おんど　なんど　　　　　　　　　　なんぷん
　　お湯につかっているのか、どのくらいまでお湯を
　　　ゆ　　　　　　　　　　　　　　　　　　　　　ゆ
　　入れるのか……。中には、お風呂に入りながら食
　　い　　　　　　　　なか　　　　　ふろ　はい　　　　　た
　　べたり飲んだりしてもいいのか、毎日するとガス
　　　　　の　　　　　　　　　　　　まいにち
　　代はどのぐらいになるのか、といった質問もあり
　　だい　　　　　　　　　　　　　　　　　しつもん
　　ます。先日など、「右半身から先に入るのですか。
　　　　せんじつ　　　　みぎはんしん　さき　はい
　　それとも、左からですか」と聞かれ、びっくりし
　　　　　　　ひだり　　　　　　　き
　　て言葉が出ませんでした。
　　　ことば　で

男の人はどうして驚いたのですか。
おとこ　ひと　　　　　　おどろ

正解：2
せいかい

📖 ことばと表現
ひょうげん

□ 入浴（する）：お風呂に入ること。
にゅうよく　　　　ふろ　はい

□ ～につかる：水やお湯などの中に体を入れること。
みず　ゆ　　　　なか　からだ

□ ぬるめ：lukewarm ／微温／ nguội

□ 汗をかく：to sweat ／出汗／ toát mồ hôi
あせ

□ 脂肪：fat ／脂肪／ mỡ
しぼう

□ 言葉が出ない：大きな驚きや感動などがあったと
ことば　で　　　　おお　　おどろ　かんどう
　　きに、言葉が出なくなること、それをうまく表現
　　　　ことば　で　　　　　　　　　　　　　ひょうげん
　　できないこと。

問題3

1番

Disc 2
TR 42

テレビで女のレポーターが専門家に話を聞いています。

F：このところ、ずいぶん暖かい日が続いていますが、もう春が来たと考えていいのでしょうか。

M：いえ、もう少し先になります。最近、春のような暖かい日が続いていますので、このまま春になるのかなと思いたくなりますよね。ところが、今週末から、冬型の強い寒気団、つまり、冷たい空気のかたまりが、北から南へと下がってきます。そのため、日本列島は再び、冷たい空気にすっぽり包まれることになります。各地とも、1週間ほど、雨や雪の降る、<u>すっきりしない</u>天気が続くことが予想されます。特に、今週末から気温が急に下がりますので、寒さ対策をしっかりとなさってください。

男の人は、季節はどうなると話していますか。
1　暖かい日が続く
2　このまま春になる
3　雨の日が多くなる
4　冬の寒さがもどる

正解：4

📖 ことばと表現

□ 寒気団：寒い地方でできた冷たい空気のかたまり。
□ 日本列島：（大小の島々が南北に続く）日本を表す言葉。
□ すっきりしない：なかなか晴れないこと。

2番

Disc 2
TR 43

男の人と女の人が話しています。

M：<u>こないだ</u>、お気に入りのシャツが洗濯で<u>しわしわ</u>になって、困った。アイロンかけても、きれいにならないから、結局、クリーニングに出したよ。

F：あら、ちゃんと<u>マーク</u>見ないで洗濯しちゃったの？

M：マークって何？

F：洗濯するときには、このように注意してくださいってマークよ。小さい布に、綿何パーセントとか洗い方とか書いてあるものが、服の内側に付いてるでしょう？

M：うん、それは知ってるけど。でも、じっくり見たり、調べたりしたことはないなあ。それをちゃんと見ればよかったんだね。残念。

F：そうよ。たぶん、面倒だから、何を洗うかなんて気にしないで、全部一緒に洗濯機に放り込んで、いつもと同じようにやってたんでしょう？

M：あたり。

F：服によっては、洗濯機で洗うより手洗いのほうがいいものもあるのよ。洗剤だって、いくつか種類があるし。

M：知ってるよ。もちろん、セーターを洗濯機で洗ったりなんか、しないって。

F：ワイシャツもね。

M：はい、はい。

二人は何について話していますか。
1　洗濯を表す記号
2　洗い方についての注意
3　洗濯機の新しい機能
4　洗剤を使えないもの

正解：2

📖 ことばと表現

□ こないだ／この間：the other day ／前些日子／ hôm trước, bữa trước

□ しわしわ：wrinkly ／满是皱纹／ đầy nếp nhăn

□ マーク：mark; symbol ／记号／ kí hiệu

3番

Disc 2
TR 44

女の人と男の人が話しています。

F：新しい店長、なかなかじゃない？

M：ぼくも、ほっとしました。前の店長よりも年が上だって聞いてたから、もっと堅い人かなって思ってました。でも、意外と僕たちの意見を積極的に聞こうとしてくれてますよね。

F：そうね。それに、上の言うことを何でも「はい、はい」と聞くんじゃなくて、自分の意見をしっかり言おうという態度も感じられる。信頼できるかなって感じ。

M：まあ、まだ2週間だから、ホントのところはわかりませんけどね。

F：それはね。でも昨日、昼休みに田中さんと公園に
　　いたら、店長が通りがかって、ソフトクリームを
　　おごってくれたよ。あれはポイント高かった。

M：でも、それって、情報集めかもしれませんよ。ど
　　う思われてるのか、気にしているとか。

F：そういうんじゃないと思うよ。単に、仲良くしま
　　しょうって感じで。すごく暑かったし、ちょうど
　　近くにお店があったのよ。

M：そうですか。ま、期待しましょう。

女の人は新しい店長についてどう思っていますか。
1　ちょっと堅い人かもしれない
2　信頼できる人かもしれない
3　評判を気にする人かもしれない
4　甘いものが好きな人かもしれない

正解：2

📖 ことばと 表現

□ 堅い：tough ／堅固、頑固／ cứng, nghiêm khắc

4番
Disc 2
45

男の人が旅行について話しています。

M：先日、初めて沖縄旅行に行きました。安いツアー
　　ですが、2泊3日で。沖縄のゆっくりした時間の
　　中で、心も体もリラックスできて、また、仕事を
　　頑張ろうと思えました。青い空と白い雲、見たこ
　　ともない美しい海の色は忘れられません。1日目
　　は風も強く、飛行機も揺れて、心配しましたが、
　　真っ青な海に白い波がきれいでした。食べ物も、
　　思ったよりずっとおいしかったです。ホテルは古
　　くて少し暗かったですが、そんなことを忘れるく
　　らい、周りの景色がきれいでした。また、ぜひ行
　　きたいです。

男の人は、旅行はどうだったと言っていますか。
1　とても安かったが、短かった。
2　ゆっくりできて、元気になれた。
3　風のために飛行機が遅れて、困った。
4　ホテルがあまりよくなかった。

正解：2

📖 ことばと 表現

□ ツアー：旅行。旅行の企画。

5番
Disc 2
46

男の人と女の人が話しています。

M：あ、どうしよう！　サンプル忘れちゃった！

F：え？　サンプルって、今日の説明会の参加者に配
　　る予定の？

M：そう。困ったなあ。どうしよう。

F：でも、工場にあるんでしょ？　取ってくるしかな
　　いんじゃない？

M：そうだね。えーと……バイク便に頼むのがいいか
　　なあ。

F：だめだめ、時間がはっきりしないから。直接行っ
　　たほうがいいよ。説明会は始めておくから、とに
　　かく行ってきてよ。サンプルなしってわけにはい
　　かないでしょう。

M：そうだよね。新製品だからね。

F：そうよ。あいさつや適当な話をして、時間を引き
　　延ばしとくから。

M：わかった。じゃ、こっちは頼んだ。行ってくる。

F：うん、大至急ね！

男の人は、工場へ何をしに行きますか。
1　サンプルを配りに行く
2　サンプルを取りに行く
3　新製品の説明をしに行く
4　あいさつをしたり、話をしたりしに行く

正解：2

📖 ことばと 表現

□ バイク便：オートバイを使って短時間で荷物を運
　ぶサービス。

□ 大至急：大変急いでいること。「至急（急いでいる
　こと）」をさらに強調した言葉。

6番
Disc 2
47

商品説明会で、女の人が新しい商品の説明をしています。

F：　今までは音が少し大きいという声も聞かれたの
　　ですが、この新しいタイプですと、音の大きさ
　　は今までの半分以下となります。音が小さいと
　　いうことは、お休みの時に使われる方が多いこ
　　の製品にとって、大きな魅力になるのではない
　　でしょうか。

M1：すみません。音が小さいということはよくわかりました。確かに、魅力的なポイントだと思います。でも、性能面に影響はないんですか。小さいパンしか焼けないとか。

F：いえ、それはありません。今までと同じものが焼けますし、焼き上がるまでのお時間も変わりません。

M2：匂いはどうなんですか。

F：焼きたてのおいしい匂いは幸せな匂いです。ですので、朝のお目覚めとともに楽しんでいただけるよう、あえて匂いが広がるような設計にしております。

M1：価格のほうはどうなっているんですか。

F：はい、お値段のほうですが……

女の人は何の商品の説明をしていますか。
1　掃除機
2　洗濯機
3　冷蔵庫
4　パン焼き器

正解：4

📖 ことばと表現
□ **性能**：performance ／性能／ tính năng
□ **設計**(する)：(to) design ／设计／ thiết kế

問題4

1番

Disc 2
49

M：疲れたね、お茶でも飲んで一休みしない？
F：1　そうね。晩ご飯を食べなきゃね。
　　2　そうね。お茶がいいと思う。
　　3　そうね。あたたかい紅茶が飲みたいな。

正解：3

2番

Disc 2
50

M：レポートの締め切りは今日ですよ。できてますか。
F：1　すみません、レポートを出していただけませんか。
　　2　すみません、締め切りを延ばしていただけませんか。
　　3　すみません、もう締め切っていただけませんか。

正解：2

3番

Disc 2
51

M：お客様、申し訳ございません。こちらで、おたばこはご遠慮いただきたいんですが。
F：1　あ、すみません。気がつかなくて。
　　2　あ、遠慮します。吸いませんので。
　　3　あ、いただきます。たばこは好きです。

正解：1

4番

Disc 2
52

M：お客様、こちらにご連絡先をお願いします。
F：1　はい。漢字で名前だけ書くんですね。
　　2　はい。そちらにお任せします。
　　3　はい。携帯番号でいいですか。

正解：3

5番

M：痛いじゃないか！　どこを見て歩いてるんだ！

F：1　横を見てましたので、ぶつかってしまいました。

　　2　すみません、おけがはありませんでしたか。

　　3　私は痛くありませんが、そんなに痛いんですか。

正解：2

6番

M：ごめん。郵便局に寄りたいから、店に先に行ってて。予約してあるから。

F：1　わかった。店に入っといていいかな？

　　2　わかった。先に郵便局に行っとくね。

　　3　わかった。郵便局に行って待っとこうか。

正解：1

7番

M：休みの日は、一日中、うちでごろごろしているんですよ。

F：1　そうですね。やっぱり一日かかってしまいますね。

　　2　私も同じですよ。疲れてますからね。

　　3　ほんとですね。平日はとても込んでいますね。

正解：2

8番

M：明日から九州に出張なんだけど、台風が近づいているんだよなあ。

F：1　行かないわけにはいかないの？　くれぐれも気をつけてね。

　　2　行くわけにはいかないよね。いよいよ台風が来るのね。

　　3　行くわけがないよね、ひょっとして、明日から出張？

正解：1

9番

M：今回だけは許してあげますけど、もう絶対、こんなこと、しないでくださいよ。

F：1　はい、今回だけは。

　　2　いいえ、まったく。

　　3　はい、もう二度と。

正解：3

ことばと表現

□　許す：forgive ／原谅／ tha thứ

10番

M：鈴木さんは、どういうつもりで、あんなひどいことを奥さんに言ったんでしょうね。

F：1　あれじゃ、奥さんが喜ぶのも当たり前ですね。

　　2　あれでも、本人は謝っているつもりなんですよ。

　　3　あれは、見ていて心があたたかくなりましたね。

正解：2

11番

M：今回のハイキング、田中さんも誘えばよかったですね。

F：1　そうですね、次回は必ず誘いますね。

　　2　そうですね、今回は誘わなくてよかったですね。

　　3　そうですね、前回は誘ってしまいましたね。

正解：1

12番

M：山田さんは残業してても、いつも楽しそうなんだよ。不思議だなあ。

F：1　そうか。それだけ残業が楽しい人なんだね。

　　2　そうかなあ。すごく楽しそうだよ。

　　3　それはね、それだけ仕事が好きだってことだよ。

正解：3

問題5

1番

Disc 2
62

駅で女の人と駅員が話しています。

F ： あのう、電車、まだ動かないんですか。

M ： 申し訳ございません。信号機の故障があったようで、現在、ここから横田駅までの区間が不通になっております。ご迷惑をおかけします。

F ： 困ったなあ。動くまで、まだしばらくかかりそうですか。

M ： はっきりとは申し上げられませんが、あと30分以上はかかるかと……。お客様はどちらへいらっしゃいますか。

F ： 中央公園に11時までに着かなきゃなんないんですよ、あと1時間です。

M ： それでしたら、ここからバスかタクシーで大谷駅まで行かれて、そこから中央公園まで中央線をご利用になってはいかがでしょうか。中央線はこちらの切符でそのまま乗っていただけますので。

F ： 大谷駅までのバス代やタクシー代も出してもらえるんですか。

M ： 申し訳ありません、タクシーの場合はお客様のご負担になってしまうのですが……。

F ： え～、そうなんですか。でも、ここで待っていてもしょうがないか……。あのう、バス乗り場はどちらですか。

M ： 駅の北口から15分おきに出ています。タクシー乗り場の少し先です。ご迷惑をおかけして申し訳ありません。

女の人はどうしますか。
1 バスで横田駅に行って、中央線に乗り換える
2 タクシーで横田駅に行って、中央線に乗り換える
3 バスで大谷駅に行って、中央線に乗り換える
4 タクシーで大谷駅に行って、中央線に乗り換える

正解：3

📖 ことばと表現

□ 区間：section ／区间／ đoạn, khoảng cách

□ 不通：電車などが、ある区間を通らなくなっていること。

2番

Disc 2
63

3人がクラス会の相談をしています。

M ： そろそろ今年のクラス会の日程を決めなきゃいけないね。

F 1： そうね。まず、時期をいつにするか、ね。

F 2： みんなが集まりやすいのは8月のお盆休みか、10月と11月の連休のころかしら。

M ： そうだね。じゃあ、一度、みんなにメールでアンケートをとってみて、その中でたくさん来てもらえそうな日を選んだらどうかな？

F 1： え～、みんなって40人近くいるのよ。答えがバラバラになったらどうするの？

F 2： でも、私たちだけで決めるっていうのも……。

M ： そうだよ。返事があった中から、来られる人が多い日に決めたらいいんじゃない？　メールをいっせいに送ればいいだけだし、そんなに手間もかからないよ。なんなら、ぼくがやってもいいよ。

F 1： そう？　あのう、実は私、お盆休みは家族旅行に行くことになっているんだけど。もし、その日に決まっちゃったら、当日はお願いできる？　準備は手伝うから。

M ： それはまずいよ。ぼくたち、係は3人とも出席できる日にしようよ。

F 2： そうよ。私たち3人は休むわけにいかないわ。お盆休みは外しましょう。じゃ、10月か11月の連休で、みんなに聞いてみましょうか。

M ： そうだね。あ、鈴木先生は？

F 1： あ、いけない。先生にはぜひ来ていただかなくちゃ！

F 2： あ―、忘れるところだった。

M ： うん。まず、そっちが先で、みんなにはそのあとだね。

3人はどうすることに決めましたか。
1 二つの連休のうち、どっちがいいか、クラスのみんなの予定を聞く
2 二つの連休のうち、どっちがいいか、先生の予定を聞く
3 お盆休みと二つの連休のうち、どれがいいか、クラスのみんなの予定を聞く

4　お盆休みと二つの連休のうち、どれがいいか、
　　先生の予定を聞く

正解：2

📖 ことばと表現

□ 一斉に：all at once ／一齐／ trong một lúc, đồng loạt

□ 手間がかかる：time-consuming ／费事／ tốn công
　sức

□ まずい：よくない。問題がある。

□ 外す：to take off ／避开／ loại trừ, bỏ ra

□ 〜ところだった：〜そうになった。

3番

Disc 2
65

女の人が食品ロスの説明をしています。

F1：みなさん、まだ食べられるのに捨てられる食べ
　　物、いわゆる「食品ロス」が大きな問題になっ
　　ていることをご存じでしょうか。驚くことに、
　　日本人一人あたりで、毎日お茶わんに約1杯分
　　のご飯を捨てているということになるそうです。
　　「食品ロス」と聞くと、食品メーカーやスーパー、
　　あるいは、レストランなどの飲食店で捨てられ
　　る食べ物を想像する人が多いと思います。とこ
　　ろが、実は食品ロスの約半分は家庭から出てい
　　るというデータがあるのです。こう言うと、ほ
　　とんどの方が、自分はそんなもったいないこと
　　はしていないとおっしゃるのですが、例えば、
　　冷蔵庫の中に、買ったまま使わずに、賞味期限
　　や消費期限を過ぎてしまったものはありません
　　か。料理をするときに、食べられる部分も捨て
　　てしまうことはありませんか。また、ついつい
　　食べ物を買いすぎたり、料理を作りすぎたりし
　　てしまうことはだれでもあるのではないでしょ
　　うか。

M　：ああ、ある、ある。昨日も急におでんが食べた
　　くなって、作ったのはいいけれど、一人暮らし
　　だから、結局、半分以上残っちゃって……。

F2：でも、今日はもう、そんなに食べる気がしない
　　んでしょう？

M　：うん。昨日、たくさん食べたから、もうあんま
　　り……。

F2：私の場合は、外国の珍しい調味料とか見たら、
　　つい買っちゃうのよね。結局、どうやって使っ

たらいいかわからなくて、そのままになってる。

M　：そっか。確かにもったいないことをしてるよね。
　　僕も帰ったら、がんばって食べるよ。

F2：私も使えそうな料理、検索してみよう。

質問1　女の人は何をしますか。

質問2　男の人は何をしますか。

正解：（質問1）3、（質問2）1

📖 ことばと表現

□ 〜ロス：〜を失うことに対して、寂しさや悲しさ
　を強く感じること。

□ （お）茶わん：rice bowl ／饭碗／ bát

□ メーカー：manufacturer ／厂家／ nhà sản xuất

□ 賞味期限：An indication of when something can
　be eaten until for it to still taste good. This does not
　mean that it cannot be eaten after this date. ／是指
　可以美味享受的期间，过期后不是不能吃。／ Là thời hạn
　đảm bảo hương vị ngon của thực thẩm. Khi quá hạn thì không có
　nghĩa là không thể ăn được nữa.

□ 消費期限：An indication of when something can
　safely be eaten until. It is better not to eat something
　if it is past this date. ／是指可以安全食用期限。过期就
　不要吃。／ Là thời hạn đảm bảo có thể sử dụng thực phẩm an
　toàn. Khi quá hạn không nên sử dụng thì tốt hơn.

日本語能力試験　対策編　解答用紙

N2　聴解

名前
Name

〈ちゅうい　Notes〉

1. くろいえんぴつ (HB、No.2) でかいてください。
   （ペンやボールペンではかかないでください）
   Use a black medium soft (HB or No.2) pencil.
   (Do not use any kind of pen.)

2. かきなおすときは、けしゴムできれいにけして
   ください。
   Erase any unintended marks completely.

3. きたなくしたり、おったりしないでください。
   Do not soil or bend this sheet.

4. マークれい　Marking examples

よいれい Correct Example	わるいれい Incorrect Examples
●	⊗ ◍ ⊘ ◐ ⓪ ⊘ ◑ ◯

第1章 課題理解（問題1）

1	① ② ③ ④
2	① ② ③ ④
3	① ② ③ ④
4	① ② ③ ④
5	① ② ③ ④
6	① ② ③ ④
7	① ② ③ ④
8	① ② ③ ④
9	① ② ③ ④
10	① ② ③ ④
11	① ② ③ ④
12	① ② ③ ④
13	① ② ③ ④

第2章 ポイント理解（問題2）

14	① ② ③ ④
15	① ② ③ ④
16	① ② ③ ④
17	① ② ③ ④
18	① ② ③ ④
19	① ② ③ ④
20	① ② ③ ④

第3章 概要理解（問題3）

21	① ② ③ ④
22	① ② ③ ④
23	① ② ③ ④
24	① ② ③ ④
25	① ② ③ ④
26	① ② ③ ④
27	① ② ③ ④
28	① ② ③ ④

第4章 即時応答（問題4）

29	① ② ③
30	① ② ③
31	① ② ③
32	① ② ③
33	① ② ③
34	① ② ③
35	① ② ③
36	① ② ③
37	① ② ③
38	① ② ③
39	① ② ③
40	① ② ③
41	① ② ③
42	① ② ③
43	① ② ③
44	① ② ③
45	① ② ③
46	① ② ③

第5章 統合理解（問題5）

47		① ② ③ ④
48		① ② ③ ④
49	(1)	① ② ③ ④
49	(2)	① ② ③ ④
50	(1)	① ② ③ ④
50	(2)	① ② ③ ④
51	(1)	① ② ③ ④
51	(2)	① ② ③ ④
52	(1)	① ② ③ ④
52	(2)	① ② ③ ④

日本語能力試験　模擬試験　解答用紙
N2　聴解

名前
Name

〈 ちゅうい　Notes 〉

1. くろいえんぴつ (HB、No.2) でかいてください。
   （ペンやボールペンではかかないでください）
   Use a black medium soft (HB or No.2) pencil.
   (Do not use any kind of pen.)

2. かきなおすときは、けしゴムできれいにけして
   ください。
   Erase any unintended marks completely.

3. きたなくしたり、おったりしないでください。
   Do not soil or bend this sheet.

4. マークれい　Marking examples

よいれい Correct Example	わるいれい Incorrect Examples
●	⊗ ⊘ ◌ ◍ ⊖ ◖ ◗ ●

問　題　1

1	①	②	③	④
2	①	②	③	④
3	①	②	③	④
4	①	②	③	④
5	①	②	③	④
6	①	②	③	④

問　題　2

1	①	②	③	④
2	①	②	③	④
3	①	②	③	④
4	①	②	③	④
5	①	②	③	④
6	①	②	③	④

問　題　3

1	①	②	③	④
2	①	②	③	④
3	①	②	③	④
4	①	②	③	④
5	①	②	③	④
6	①	②	③	④

問　題　4

1	①	②	③
2	①	②	③
3	①	②	③
4	①	②	③
5	①	②	③
6	①	②	③
7	①	②	③
8	①	②	③
9	①	②	③
10	①	②	③
11	①	②	③
12	①	②	③

問　題　5

1		①	②	③	④
2		①	②	③	④
3	(1)	①	②	③	④
	(2)	①	②	③	④